Naturverehrung

die heilige Natur bei Goethe und anderen deutschen Dichtern

Wolf E. Matzker

Autor: Wolf E. Matzker

Geschrieben: Februar 2017

Herstellung und Verlag: BoD - Books on Demand, Norderstedt
ISBN: 9783744887113

Naturverehrung

die heilige Natur bei Goethe und anderen deutschen Dichtern

Wolf E. Matzker

Inhaltsverzeichnis:

1. Vorwort

Zur Zeit von Johann Wolfgang von Goethe gab es keine Naturreligion. Das wurde als „heidnisch" abgelehnt, und auch Goethe wurde als „Heide", mehr oder weniger, abgelehnt.

„Ach, die schöne Natur!"

„Der wunderbare Frühling!"

Das sagt jeder, das ist trivial. Damals und auch heute. Das ist nur Gefühl. Wer Lyrik nur als Gefühl, nur als subjektive Stimmung versteht, der versteht sie nicht. Lyrik wollte – und will – damals wie heute – immer mehr sein. Bei Goethe, bei Hölderlin, bei Eichendorff und vielen anderen.

Um 1800 hatte man praktisch kein Wissen von Naturreligionen. Viel besser ist es heute im Allgemeinen nicht. Viel zu viele Menschen haben auch immer noch den Schematismus: christlich – heidnisch im Kopf. Das eine ist gut, das andere ist „böse" oder falsch. Und immer noch wird das an den Schulen gelehrt. Das eine ist rational, ist vernünftig, das andere soll irrational und gefährlich sein.

Heute gibt es viele Formen der Naturverehrung. Vieles ist rein privat. Man weiß nicht, was die Menschen davon leben, wie sie es leben, ob sie beten, singen, im Wald meditieren oder auf einem Berg ein Ritual machen. Oft haben Menschen Bedenken, darüber zu sprechen, weil sie die höhnischen Ablehnungsreaktionen fürchten oder das christliche Verdikt des „Heidentums". Jeder, der Wicca, Schamanismus oder was auch immer lebt und praktiziert, kennt das.

Goethe, Schiller, Hölderlin und viele andere haben sich an der griechischen Mythologie orientiert. Schöne Geschichten von menschlichen Göttern, von Musen und Nymphen. Im Gewand der antiken Mythologie konnte man manches sagen. Dem Bildungsbürgertum gefiel das, denn da konnte man zeigen, dass man doch gebildet ist. Aber richtig daran glauben? Nein, das denn doch bitte nicht.

Ein offenes Bekenntnis zum Heidentum war damals nicht möglich. Und heute? In vielen Fällen auch nicht.

Mir geht es darum, anhand von Gedichten die Naturreligion der Autoren aufzuspüren, oder sagen wir besser: die Ansätze. Weil Religion zu sehr als dogmatisches System begriffen wird, spreche ich einfach nur von Naturverehrung. Das lässt dem Individuellen auch mehr Spielraum.

1. Naturverehrung in Goethes Lyrik

Mailied

Wie herrlich leuchtet
Mir die Natur!
Wie glänzt die Sonne!
Wie lacht die Flur!

Es dringen Blüten
Aus jedem Zweig
Und tausend Stimmen
Aus dem Gesträuch

Und Freud' und Wonne
Aus jeder Brust.
O Erd', o Sonne!
O Glück, o Lust!

O Lieb', o Liebe!
So golden schön,
Wie Morgenwolken
Auf jenen Höhn!

Du segnest herrlich
Das frische Feld,
Im Blütendampfe
Die volle Welt.

O Mädchen, Mädchen,
Wie lieb' ich dich!
Wie blickt dein Auge!
Wie liebst du mich!

So liebt die Lerche
Gesang und Luft,
Und Morgenblumen
Den Himmelsduft,

Wie ich dich liebe
Mit warmem Blut,
Die du mir Jugend
Und Freud' und Mut

Zu neuen Liedern
Und Tänzen gibst.
Sei ewig glücklich,
Wie du mich liebst!

Dieses Gedicht kann man als eine Hymne an die Göttin des Frühlings verstehen. Beim Aspekt der jungen Göttin geht es um den Neubeginn, um die Lebens- und Daseinsfreude. Das will gefeiert werden! Das will Begeisterung wecken!

Begeisterung, Euphorie. Es geht hier um diesen Geisteszustand. Da viele Religion zu sehr mit Schuldbewusstsein, Nachdenklichkeit, Denken an den Tod, Melancholie, Trauer, Unterwerfung, Gesetzen, Dogmen etc. in Verbindung bringen, tun sie sich vermutlich sehr schwer, Euphorie überhaupt als „religiös" zu sehen. Man schiebt sie gerne in die Ecke der Gefühle. Dabei möchte das Individuum ja gerade über die bloßen Gefühle hinaus.

Sicher, auch im Christentum heißt es so schön: „Freuet euch!". Aber wer freut sich da schon? Und die Orgelmusik ist nun alles andere als erfreulich für heutige Ohren! Man geht lieber ins Konzert als in die Kirche.

Draußen in der schönen Natur des Frühlings ist es leicht sich zu freuen, über das Dasein, die Schönheit, die Liebe. Alles erfüllt und erweitert das Individuum, das Herz.

An den Mond

Füllest wieder Busch und Tal
Still mit Nebelglanz,
Lösest endlich auch einmal
Meine Seele ganz;

Breitest über mein Gefild
Lindernd deinen Blick,
Wie des Freundes Auge mild
Über mein Geschick.

Jeden Nachklang fühlt mein Herz
Froh- und trüber Zeit,
Wandle zwischen Freud' und Schmerz
In der Einsamkeit.

Fließe, fließe, lieber Fluß!
Nimmer werd' ich froh;
So verrauschte Scherz und Kuß
Und die Treue so.

Ich besaß es doch einmal,
was so köstlich ist!
Daß man doch zu seiner Qual
Nimmer es vergißt!

Rausche, Fluß, das Tal entlang,
Ohne Rast und Ruh,
Rausche, flüstre meinem Sang
Melodien zu!

Wenn du in der Winternacht
Wütend überschwillst
Oder um die Frühlingspracht
Junger Knospen quillst.

Selig, wer sich vor der Welt
Ohne Haß verschließt,

Einen Freund am Busen hält
Und mit dem genießt,

Was, von Menschen nicht gewußt
Oder nicht bedacht,
Durch das Labyrinth der Brust
Wandelt in der Nacht.

Man kann sich heutzutage kaum noch vorstellen, dass sich jemand dem Mond widmet, dass ein Dichter den Mond besingt. Wer sieht auch noch den Mond? Alles ist zu hell, zu grell geworden, zu laut und zu hektisch. Man sieht andere Lichter als den Mond.

Die Verbindung zwischen dem Mond und der Seele, wer sieht sie, wer spürt sie?

Das Licht des Mondes ist sanfter und zarter, es kann etwas in der Seele lösen und erlösen. Emotionales und seelisches Leid kennt jeder Mensch, aber es sucht wohl kaum einer Trost beim Mond, eher macht er den Fernseher an.

Goethe kommuniziert hier mit dem Mond. Der Mond ist sein Gesprächspartner und sein Seelentröster. Das ist typisch für sensible Menschen.

Nicht zu vergessen ist auch die Tageszeit: Nacht. Man muss es sich innerlich vorstellen: nachts im Mondlicht am Fluss entlang laufen, an der Ilm in Weimar, allein, man spricht mit der Natur und die Natur spricht zu einem.

Gefunden

Ich ging im Walde
So vor mich hin,
Und nichts zu suchen,
Das war mein Sinn.

Im Schatten sah ich
Ein Blümlein stehn,
Wie Sterne blinkend,
Wie Äuglein schön.

Ich wollt es brechen,
Da sagt' es fein:
Soll ich zum Welken
Gebrochen sein?

Mit allen Wurzeln
Hob ich es aus,
Und trugs zum Garten
Am hübschen Haus.

Ich pflanzt es wieder
Am kühlen Ort;
Nun zweigt und blüht es
Mir immer fort.

Ein einfaches Gedicht. Eine einfache Situation. Jemand macht einen meditativen Spaziergang im Walde, er befindet sich in einer Art Märchenwelt. Nichts treibt ihn, nichts zwingt ihn, nichts muss er unbedingt haben oder erreichen.

Da entdeckt er eine kleine Blume, die ihn bezaubert. Wir erfahren nicht den Namen der Blume (Buschwindröschen?), aber sie muss zart sein. Die Blüten sind wie kleine Sterne und er sieht in ihnen sogar Augen, genauer „Äuglein" - bei Goethe ein erotischer Ausdruck.

Nur kurz wird er von dem Impuls erfüllt, die Blume abzubrechen. Der typische Zwang, etwas besitzen zu wollen.

Wie im Märchen spricht aber die Blume und erinnert ihn an das Falsche seines Impulses, denn wenn man Blumen nur abbricht, dann verwelken sie meist relativ schnell.

Er hat dann eine andere Idee. Er gräbt die Blume aus und nimmt sie mit zu seinem Haus. Vermutlich handelt es sich um Goethes Gartenhaus. Dort pflanzt er die Blume dann ein und kann sich am ihrem weiteren Gedeihen erfreuen. Einerseits hat er so am Ende doch seinen Besitzwunsch befriedigt, aber er hat der Natur ihren Raum gelassen, und der Blume offensichtlich auch den richtigen Platz (kühlen Ort) gegeben.

Was ist hier nun bemerkenswert?

Die Blume spricht zum lyrischen Ich, oder sagen wir ruhig zu Goethe, und er handelt entsprechend. Er hört auf die Stimme der Natur, hier stellvertretend die zarte Blume.

Wer das Gedicht biografisch und beziehungsmäßig deutet, der wird vielleicht das Verhältnis zur Natur nicht mehr so sehen, sondern allein die zwischenmenschliche Dimension. Es geht aber, in meinen Augen, um die Beziehung von Mensch und schöner, zarter Natur.

Zum Vergleich ein Haiku von Basho:

Wenn ich aufmerksam schaue,
dann seh' ich die Nazuna
an der Hecke blühen.

Vermächtnis

Kein Wesen kann zu Nichts zerfallen!
Das Ew'ge regt sich fort in allen,
Am Sein erhalte dich beglückt!
Das Sein ist ewig: denn Gesetze
Bewahren die lebend'gen Schätze,
Aus welchen sich das All geschmückt.

Das Wahre war schon längst gefunden,
Hat edle Geisterschaft verbunden;
Das alte Wahre, faß' es an!
Verdank' es, Erdensohn, dem Weisen,
Der ihr, die Sonne zu umkreisen,
Und dem Geschwister wies die Bahn.

Sofort nun wende dich nach innen,
Das Zentrum findest du dadrinnen,
Woran kein Edler zweifeln mag.
Wirst keine Regel da vermissen:
Denn das selbständige Gewissen
Ist Sonne deinem Sittentag.

Den Sinnen hast du dann zu trauen,
Kein Falsches lassen sie dich schauen,
Wenn dein Verstand dich wach erhält.
Mit frischem Blick bemerke freudig,
Und wandle sicher wie geschmeidig
Durch Auen reichbegabter Welt.

Genieße mäßig Füll und Segen,
Vernunft sei überall zugegen,

Wo Leben sich des Lebens freut.
Dann ist Vergangenheit beständig,
Das Künftige voraus lebendig,
Der Augenblick ist Ewigkeit.

Und war es endlich dir gelungen,
Und bist du vom Gefühl durchdrungen:
Was fruchtbar ist, allein ist wahr;
Du prüfst das allgemeine Walten,
Es wird nach seiner Weise schalten,
Geselle dich zur kleinsten Schar.

Und wie von alters her im stillen
Ein Liebewerk nach eignem Willen
Der Philosoph, der Dichter schuf,
So wirst du schönste Gunst erzielen:
Denn edlen Seelen vorzufühlen
Ist wünschenswertester Beruf.

Am Anfang und im ganzen Gedicht fällt die durchweg positive Lebenshaltung auf. Das Sein wird als gut und positiv verstanden, es ist immer kreativ, schöpferisch, wandelbar.

Kein Wesen kann völlig verschwinden. Es ist eingebunden in den Kreislauf des Lebens. Was dem Menschen als Verfall und Zerstörung erscheint, ist nur Wandel der Form.

Die christliche Vorstellung geht eher von einer vom Sein abgetrennten Identität aus. Zwischen dem Menschen und der Natur gibt es eine Trennungslinie. Goethe würde also nicht sagen, dass er an die Auferstehung glaube, sondern an den Wandel.

Zur Wahrheit gehören nicht nur mentale Erkenntnisse, sondern auch die tiefe Verbundenheit mit der Erde, den uralten, elementaren Kräften. Das gilt es umfassend zu verstehen.

Das Reich des Geistes ist die eine Seite. Die kosmischen Gesetze sind die andere.

Die innere Welt ist von Echtheit, Ehrlichkeit und Authentizität geprägt. Selbstständig und echt, so wollte Goethe leben, und so hat er auch, bei allen Widersprüchen, gelebt. Die innere Stimme und Autorität des eigenen Wesens, das war sein Maßstab. Das ist der Maßstab für gelingendes Leben.

Gewissen bezieht sich auf das eigene Ich, nicht auf mehr oder weniger aufgezwungen Gebote, denn die sind am Ende eher äußerlich. Die innere Wahrheit ist höher anzusetzen. Die Selbständigkeit, die Autonomie des Künstlers ist ein zentraler Wert.

Die Welt der Sinne war und ist wichtig. Mit klarem Geist kann einen nichts vom Weg abbringen. Ausgrenzung oder Abgrenzung von der Welt der Sinne und der Sinnlichkeit waren Goethe fremd, lehnte er ab. Die Schönheit der Welt will erfahren und genossen werden.

Die traditionellen Religionen basieren zu einem großen Teil auf dem Dogma der Abwertung des Sinnlichen. Goethe hingegen stellt es mehr ins Zentrum seiner Weltanschauung. Die Sinne zu gebrauchen und zu erleben ist sinn-voll.

Aber immer muss das Maß eingehalten werden. Extreme Haltungen sind schädlich, zerstören das Leben und die Harmonie. Nur so gelingt ein richtiges Verhältnis zur Vergangenheit, zur Gegenwart und zur Zukunft.

Was heißt heute „fruchtbar" zu sein? Gutes in der Welt zu tun, das Dasein kreativ gestalten, lebendig und auf Harmonie bedacht. Weder besessen noch fixiert, weder fanatisch noch diktatorisch, ausgewogen eben. Alles kann man nicht beeinflussen und schon gar nicht beherrschen, sondern nur in kleinem Kreis positiv wirksam sein. Man soll also bescheiden sein. Absolutheitsdenken und jede Art von Gigantismus sind am Ende destruktiver Wahn.

Das Fruchtbare ist eingebunden in den Lebenszyklus. Es steht nicht wie ein absolutistischer Herrscher über dem Leben. Das war und ist ein diktatorisches Konzept. Das Fruchtbare dient dem Kreislauf der Verwandlungen, also dem ganzen Leben, dem ganzen Ökokreis. Es ist auch nicht anthropozentrisch zu verstehen, als käme es einzig und allein auf menschliche Belange an. Davon hat sich der heutige Mensch noch längst nicht befreit, somit kann er durchaus von Goethe etwas lernen. Das Wahre ist nicht der Profit, der Gewinn, die Macht, der Erfolg etc. Bestenfalls sind sie ein Teil der umfassenden Wahrheit. Das ganze Leben ist die Wahrheit.

Vollendung ist denkbar und möglich, durch kreatives Handeln, wenn man das Edle im Blickwinkel hat. Wichtig ist es, für sich selbst eine reine Seele zu werden und anderen dieses zu vermitteln. Das ist die heilige Aufgabe und Bestimmung des Menschen.

Sehnsucht

Was zieht mir das Herz so?
Was zieht mich hinaus?
Und windet und schraubt mich
Aus Zimmer und Haus?
Wie dort sich die Wolken
Um Felsen verziehn!
Da möcht' ich hinüber,
Da möcht' ich wohl hin!

Nun wiegt sich der Raben
Geselliger Flug;
Ich mische mich drunter
Und folge dem Zug.
Und Berg und Gemäuer
Umfittigen wir;
Sie weilet da drunten,
Ich spähe nach ihr.

Da kommt sie und wandelt;
Ich eile so bald,
Ein singender Vogel,
Zum buschichten Wald.
Sie weilet und horchet
Und lächelt mit sich:
"Er singet so lieblich
Und singt es an mich."

Die scheidende Sonne
Verguldet die Höhn;
Die sinnende Schöne,
Sie läßt es geschehn,
Sie wandelt am Bache
Die Wiesen entlang,
Und finster und finstrer
Umschlingt sich der Gang.

Auf einmal erschein' ich,
Ein blinkender Stern.
"Was glänzet da droben,
So nah und so fern?"
Und hast du mit Staunen
Das Leuchten erblickt:
Ich lieg' dir zu Füßen,
Da bin ich beglückt!

Leben in der Gesellschaft und in sozialen Zwängen sucht immer nach einer Entgrenzung. Das Individuum will hinaus, will ins Freie, ins Leichte, ins Schöne, ins Helle. Es will anders sein, ein freier Vogel. Es sucht die liebende Verbundenheit mit einem Wesen der Natur.

Künstlers Abendlied

Ach, daß die inn're Schöpfungskraft
Durch meinen Sinn erschölle!
Daß eine Bildung voller Saft
Aus meinen Fingern quölle!

Ich zittre nur, ich stottre nur
Und kann es doch nicht lassen;
Ich fühl', ich kenne dich, Natur,
Und so muß ich dich fassen.

Bedenk' ich dann, wie manches Jahr
Sich schon mein Sinn erschließet,
Wie er, wo dürre Heide war,
Nun Freudenquell genießet:

Wie sehn' ich mich, Natur, nach dir,
Dich treu und lieb zu fühlen!
Ein lust'ger Springbrunn, wirst du mir
Aus tausend Röhren spielen.

Wirst alle meine Kräfte mir
In meinem Sinn erheitern,
Und dieses enge Dasein hier
Zur Ewigkeit erweitern.

Der Künstler möchte unbedingt die Quelle der Inspiration anzapfen, also an die Weisheit in der Natur gelangen. Sein Verhältnis zu ihr ist erotischer Natur. Eros im Sinne tiefer Leidenschaft und Daseinserfahrung. Diese Art von Liebe ist universeller Gestalt. Die individuelle Abgrenzung und Beschränkung wird durch die Verbundenheit aufgelöst.

Die Metamorphose der Pflanzen

Dich verwirret, Geliebte, die tausendfältige Mischung
Dieses Blumengewühls über dem Garten umher;
Viele Namen hörest du an, und immer verdränget
Mit barbarischem Klang einer den andern im Ohr.
Alle Gestalten sind ähnlich, und keine gleichet der andern;
Und so deutet das Chor auf ein geheimes Gesetz,
Auf ein heiliges Rätsel. O könnt ich dir, liebliche Freundin,
Überliefern sogleich glücklich das lösende Wort! –
Werdend betrachte sie nun, wie nach und nach sich die Pflanze,
Stufenweise geführt, bildet zu Blüten und Frucht.
Aus dem Samen entwickelt sie sich, sobald ihn der Erde
Stille befruchtender Schoß hold in das Leben entläßt
Und dem Reize des Lichts, des heiligen, ewig bewegten,
Gleich den zartesten Bau keimender Blätter empfiehlt.
Einfach schlief in dem Samen die Kraft; ein beginnendes Vorbild
Lag, verschlossen in sich, unter die Hülle gebeugt,
Blatt und Wurzel und Keim, nur halb geformet und farblos;
Trocken erhält so der Kern ruhiges Leben bewahrt,
Quillet strebend empor, sich milder Feuchte vertrauend,
Und erhebt sich sogleich aus der umgebenden Nacht.
Aber einfach bleibt die Gestalt, der ersten Erscheinung,
Und so bezeichnet sich auch unter den Pflanzen das Kind.
Gleich darauf ein folgender Trieb, sich erhebend, erneuere
Knoten auf Knoten getürmt, immer das erste Gebild.
Zwar nicht immer das gleiche; denn mannigfaltig erzeugt sich,
Ausgebildet, du siehsts, immer das folgende Blatt,
Ausgedehnter, gekerbter, getrennter in Spitzen und Teile,
Die verwachsen vorher ruhten im untern Organ.
Und so erreicht es zuerst die höchst bestimmte Vollendung,
Die bei manchem Geschlecht dich zum Erstaunen bewegt.
Viel gerippt und gezackt, auf mastig strotzender Fläche,
Scheinet die Fülle des Triebs frei und unendlich zu sein.
Doch hier hält die Natur, mit mächtigen Händen, die Bildung

An und lenket sie sanft in das Vollkommnere hin.
Mäßiger leitet sie nun den Saft, verengt die Gefäße,
Und gleich zeigt die Gestalt zärtere Wirkungen an.
Stille zieht sich der Trieb der strebenden Ränder zurücke,
Und die Rippe des Stiels bildet sich völliger aus.
Blattlos aber und schnell erhebt sich der zärtere Stengel,
Und ein Wundergebild zieht den Betrachtenden an.
Rings im Kreise stellet sich nun, gezählet und ohne
Zahl, das kleinere Blatt neben dem ähnlichen hin.
Um die Achse gedrängt, entscheidet der bergende Kelch sich,
Der zur höchsten Gestalt farbige Kronen entläßt.
Also prangt die Natur in hoher, voller Erscheinung,
Und sie zeiget, gereiht, Glieder an Glieder gestuft.
Immer staunst du aufs neue, sobald sich am Stengel die Blume
Über dem schlanken Gerüst wechselnder Blätter bewegt.
Aber die Herrlichkeit wird des neuen Schaffens Verkündung.
Ja, das farbige Blatt fühlet die göttliche Hand;
Und zusammen zieht es sich schnell; die zartesten Formen,
Zwiefach streben sie vor, sich zu vereinen bestimmt.
Traulich stehen sie nun, die holden Paare, beisammen,
Zahlreich ordnen sie sich um den geweihten Altar.
Hymen schwebet herbei, und herrliche Düfte, gewaltig,
Strömen süßen Geruch, alles belebend, umher.
Nun vereinzelt schwellen sogleich unzählige Keime,
Hold in den Mutterschoß schwellender Früchte gehüllt.
Und hier schließt die Natur den Ring der ewigen Kräfte;
Doch ein neuer sogleich fasset den vorigen an,
Daß die Kette sich fort durch alle Zeiten verlänge,
Und das Ganze belebt, so wie das Einzelne, sei.
Wende nun, o Geliebte, den Blick zum bunten Gewimmel,
Das verwirrend nicht mehr sich vor dem Geiste bewegt.
Jede Pflanze verkündet dir nun die ewgen Gesetze,
Jede Blume, sie spricht lauter und lauter mit dir.
Aber entzifferst du hier der Göttin heilige Lettern,
Überall siehst du sie dann, auch in verändertem Zug.
Kriechend zaudre die Raupe, der Schmetterling eile geschäftig,

Bildsam ändre der Mensch selbst die bestimmte Gestalt.
O, gedenke denn auch, wie aus dem Keim der Bekanntschaft
Nach und nach in uns holde Gewohnheit entsproß,
Freundschaft sich mit Macht aus unserm Innern enthüllte,
Und wie Amor zuletzt Blüten und Früchte gezeugt.
Denke, wie mannigfach bald die, bald jene Gestalten,
Still entfaltend, Natur unsern Gefühlen geliehn!
Freue dich auch des heutigen Tags! Die heilige Liebe
Strebt zu der höchsten Frucht gleicher Gesinnungen auf,
Gleicher Ansicht der Dinge, damit in harmonischem Anschaun
Sich verbinde das Paar, finde die höhere Welt.

Die Verwandlungs- und Entfaltungskraft der Natur ist Thema dieser Elegie von Goethe. Metamorphose ist eigentlich ein abstrakter Begriff, aber es geht nicht um die Vermittlung einer rationalen Erkenntnis, sondern um eine tiefergehende Erfahrung von dem sich entfaltenden Leben der Pflanzen, der Tiere und der Menschen.

Same und Blüte sind die Pole des Lebens. Das im Samen vorhandene Potential will sich entfalten und zur vollendeten Höhe gelangen, zur Blüte also. Same, Entfaltung, Blüte, Frucht und neuer Same sind markante Punkte auf einem Kreis, der sich endlos in die Zukunft fortsetzt.

Hymen ist hier Hymenaios, der Gott der Hochzeit.

Sowohl Elegie als auch der Begriff „Lehrgedicht" erscheint mir unpassend, denn es geht darum, das Wesen der Natur, das Wesen der Göttin zu feiern. Der „Göttin heilige Lettern", wie es heißt, nicht nur mental zu erkennen, sondern zu loben. Ich würde das Gedicht vielleicht als einen Lobpreis auf ein zentrales Prinzip der Natur bezeichnen.

Freudig war, vor vielen Jahren,
eifrig so der Geist bestrebt,
zu erforschen, zu erfahren,
wie Natur im Schaffen lebt.
Und es ist das ewig Eine,
das sich vielfach offenbart;
klein das Große, groß das Kleine,
alles nach der eigenen Art.
Immer wechselnd, fest sich haltend;
nah und fern und fern und nah;
so gestaltend, umgestaltend -
zum Erstaunen bin ich da.

Müsset im Naturbetrachten
immer eines wie alles achten;
nichts ist drinnen, nichts ist draußen:
denn was innen, das ist außen.
So ergreifet ohne Säumnis
heilig öffentlich Geheimnis.
Freuet euch des wahren Scheins,
euch des ernsten Spieles:
kein Lebendiges ist ein Eins,
immer ist's ein Vieles.

So schauet mit bescheidenem Blick
der ewigen Weberin Meisterstück,
wie ein Tritt tausend Fäden regt,
die Schifflein hinüber, herüber schießen,
die Fäden sich begegnend fließen,
ein Schlag tausend Verbindungen schlägt,
das hat sie nicht zusammengebettelt,
sie hat's von Ewigkeit angezettelt;
damit der ewige Meistermann
getrost den Einschlag werfen kann.

Die drei Strophen tragen die Titel: Parabase, Epirrhema und Antepirrhema. Damit kann heute kaum einer etwas anfangen. Sie beziehen sich auf den Chor in der attischen Komödie.

Es sind Worte, die sich direkt ans Publikum wenden, es sind sozusagen direkte Worte des Dichters an sein Publikum. Er spricht über sich, seine Aufgabe, dann darüber, was der Zuhörer tun soll und im dritten Teil präsentiert er das starke Bild von der Natur als Weberin und ihrem Wirken, wobei der Mann eine ergänzende Rolle einnimmt.

Das *Erstaunen* über die Welt ist eine positive Haltung, die das Sein einfach nur achten und würdigen will, die es eben nicht nutzen oder gar ausnutzen will. Wer staunt, der fühlt sich innerlich berührt und der liebt das, was er schaut.

Realität ist immer auch paradox, ein ernstes Spiel, ein wahrer Schein. Strikte Abgrenzung nimmt immer der Verstand vor, nicht das tiefe Gefühl für das ganze Leben, das man spürt und sieht, dass alles eine Vielheit ist. In der Biologie nennen wir das heute Biodiversität.

Alles in der Natur ist miteinander vernetzt, es gibt keine endgültigen oder strikten Trennungen. Heute ist diese Vernetzung Allgemeinwissen, auch wenn es immer noch viele Menschen gibt, die daraus keine Konsequenzen ziehen wollen. Dennoch ist die universelle Vernetzung die wahre Realität, außen wie innen, im Kosmos wie im eigenen Gehirn.

Gesang der Geister über den Wassern

Des Menschen Seele
Gleicht dem Wasser:
Vom Himmel kommt es,
Zum Himmel steigt es,
Und wieder nieder
Zur Erde muß es,
Ewig wechselnd.

Strömt von der hohen,
Steilen Felswand
Der reine Strahl,
Dann stäubt er lieblich
In Wolkenwellen
Zum glatten Fels,
Und leicht empfangen,
Wallt er verschleiernd,
Leisrauschend
Zur Tiefe nieder.

Ragen Klippen
Dem Sturz entgegen,
Schäumt er unmutig
Stufenweise
Zum Abgrund.

Im flachen Bette
Schleicht er das Wiesental hin,
Und in dem glatten See
Weiden ihr Antlitz
Alle Gestirne.

Wind ist der Welle
Lieblicher Buhler;
Wind mischt vom Grund aus

Schäumende Wogen.

Seele des Menschen,
Wie gleichst du dem Wasser!
Schicksal des Menschen,
Wie gleichst du dem Wind!

Goethe vergleicht hier die Seele des Menschen mit dem Element Wasser. Er sieht Ähnlichkeiten, Analogien. Er vermittelt dem Leser seine gedanklichen Analogien. Die Seele ist nichts anderes als Natur, schon gar nicht ist sie von der Natur entfremdet, sondern im Gegenteil ist sie wie die Natur. Seele und Natur bilden eine Einheit.

Ob wir das kreative Prinzip nehmen, die innere Quelle der Inspiration oder das Wandlungsprinzip, immer stellen wir eine innere Identität von Mensch, Natur und Seele fest.

Soweit mir bekannt, wusste Goethe nichts vom Schamanismus. Man hatte damals einfach keine Kunde davon. Aber seine Erfahrungen und Gedanken entsprechen durchaus dem schamanischen Weltbild.

Germanisten wird das nicht gefallen, sie haben es lieber allgemein und unbestimmt. Ich denke jedoch, wenn man keine tiefergehende Deutung in der vorgeschlagenen Weise vornimmt, dann bleibt es am Ende wohl eher bei einer Paraphrase der Bilder.

Die beiden Ausrufe am Ende des Gedichts beschwören die tiefe Gemeinsamkeit von Mensch und Natur.

Regenbogen über den Hügeln
einer anmutigen Landschaft

Grau und trüb und immer trüber
Kommt das Wetter angezogen,
Blitz und Donner sind vorüber,
Euch erquickt ein Regenbogen.

Frohe Zeichen zu gewahren
Wird der Erdkreis nimmer müde;
Schon seit vielen tausend Jahren
Spricht der Himmelsbogen: Friede.

Aus des Regens düstrer Trübe
Glänzt das Bild, das immer neue;
In den Tränen zarter Liebe
Spiegelt sich der Engel – Treue.

Wilde Stürme, Kriegeswogen
Rasten über Hain und Dach;
Ewig doch und allgemach
Stellt sich her der bunte Bogen.

Naturerfahrung kann betrüben, das deutsche Wetter kann deprimierend sein. Menschliche Aktivitäten, z.B. der Krieg und Goethe hat diesen in Weimar erleben müssen, können vieles zerstören oder einem die Laune verderben. Aber immer wieder schickt die Natur Zeichen und Botschaften, die der Naturfreund erkennen kann.

Daimon, ΔΑΙΜΩΝ, Seelengeist

Wie an dem Tag, der dich der Welt verliehen,
die Sonne stand zum Gruße der Planeten,
bist alsobald und fort und fort gediehen
nach dem Gesetz, wonach du angetreten.
So mußt du sein, dir kannst du nicht entfliehen,
so sagten schon Sibyllen, so Propheten;
und keine Zeit und keine Macht zerstückelt
geprägte Form, die lebend sich entwickelt.

Tychä, ΤΥΧΗ, Schicksal

Die strenge Grenze doch umgeht gefällig
ein Wandelndes, das mit und um uns wandelt;
nicht einsam bleibst du, bildest dich gesellig,
und handelst wohl so, wie ein andrer handelt:
im Leben ist's bald hin-, bald widerfällig,
es ist ein Tand und wird so durchgetandelt.
Schon hat sich still der Jahre Kreis geründet,
die Lampe harrt der Flamme, die entzündet.

Eros, ΕΡΩΣ, Leidenschaft

Die bleibt nicht aus! – Er stürzt vom Himmel nieder,
Wohin er sich aus alter Öde schwang,
er schwebt heran auf luftigem Gefieder,
um Stirn und Brust den Frühlingstag entlang,
scheint jetzt zu fliehn, vom Fliehen kehrt er wieder,
da wird ein Wohl im Weh, so süß und bang.
Gar manches Herz verschwebt im Allgemeinen,
doch widmet sich das edelste dem Einen.

Anankä, ΑΝΑΓΚΗ, Nötigung

Da ist's denn wieder, wie die Sterne wollten:
Bedingung und Gesetz; und aller Wille
ist nur ein Wollen, weil wir eben sollten,
und vor dem Willen schweigt die Willkür stille;
das Liebste wird vom Herzen weggescholten,
dem harten Muß bequemt sich Will und Grille.
So sind wir scheinfrei denn nach manchen Jahren
Nur enger dran, als wir am Anfang waren.

Elpis, ΕΛΠΙΣ, Hoffnung

Doch solcher Grenze, solcher ehrnen Mauer
höchst widerwärt'ge Pforte wird entriegelt,
sie stehe nur mit alter Felsendauer!
Ein Wesen regt sich leicht und ungezügelt:
aus Wolkendecke, Nebel, Regenschauer
erhebt sie uns, mit ihr, durch sie beflügelt,
ihr kennt sie wohl, sie schwärmt nach allen Zonen;
ein Flügelschlag – und hinter uns Äonen!

Urworte das klingt nach einer Urzeit, nach einem Urwissen, nach einer Urweisheit. Goethe wählte dafür fünf zentrale Aspekte der Existenz aus, für die fünf griechische Wörter genommen hat. Goethe nennt sie „Urworte, orphisch". Was heißt das, orphisch? Orpheus war ein besonderer Dichter und Sänger der Griechen, der mit seinem Gesang vieles bewegen konnte. Das erinnert an den Schamanismus mit seinen Kraftliedern, und in der Tat, schaut man sich die orphischen Gesänge an, die J.O. Plassmann übertragen und erläutert hat, dann kann man das leicht erkennen.

Jeder Mensch hat am Anfang eine Bestimmung, einen *Daimon*, den ich hier einmal mit „Seelengeist" übersetzt habe. Das ist der zentrale Kern eines Individuums, der nicht zerstört werden kann.

Der Mensch kann durch die Lebensbedingungen, durch das Schicksal behindert oder gefördert werden. Alles trägt am Ende jedoch zur Entwicklung und Entfaltung bei. Niemand lebt als isoliertes Wesen, sondern immer in Verbindungen und Beziehungen zu anderen Wesen. Während der erste Aspekt als eine Sonne verstanden werden kann, kann man den zweiten Aspekt auf den sich wandelnden Mond beziehen. Beide Pole bilden eine Einheit.

Leidenschaften und insbesondere die Liebe führen dann zu Verbindungen bis hin zu Verschmelzungen mit dem anderen, dem Gegenüber. Wie Yin und Yang so ergänzen und vervollständigen sich die beiden Pole des Weiblichen und des Männlichen. Der Gott Eros ist wie ein fliegender Adler. Er kann im Himmel verschwinden oder zielsicher die Beute ergreifen.

Aber es gibt immer Einschränkungen im Laufe des Lebens, im Alter mehr als in der Jugend oder im mittleren Alter, und der Tod hat das letzte Wort, was das irdische Leben betrifft.

Dennoch sucht die Seele das Reich der Freiheit in einer jenseitigen Dimension. Auch Goethe glaubte an die Unsterblichkeit der Seele. Im Grunde ist das eine anthropologische Konstante, die sich in allen Zeiten und in allen spirituellen Systemen zeigt, egal wie das im Einzelnen formuliert gewesen sein mag.

Fünf Aspekte zu nennen bilden vielleicht ein Pentagramm, aber davon ist hier keine Rede. Ein Pentagramm wäre ein starkes System der Gesundheit und Kraft.

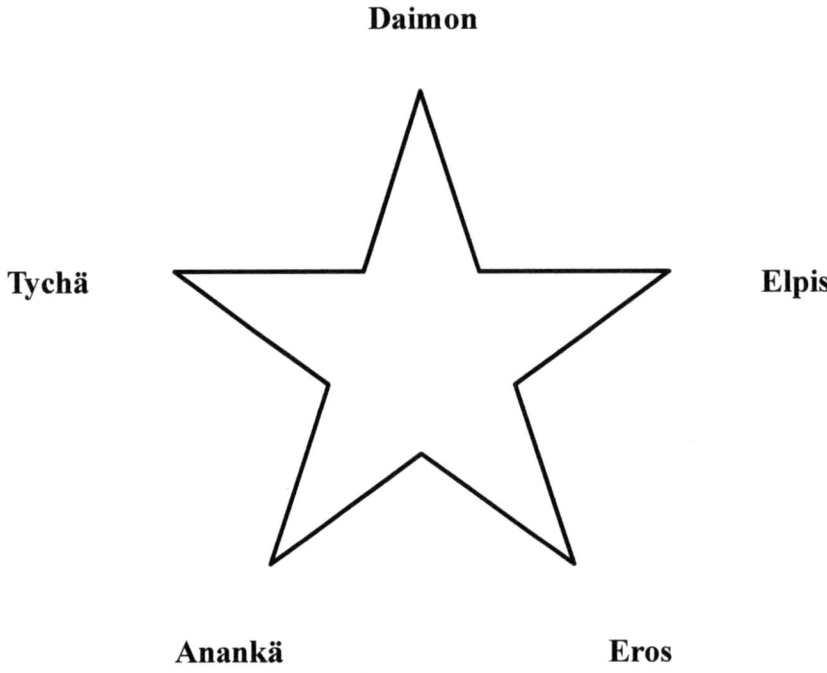

Daimon

Tychä   Elpis

Anankä   Eros

Das Pentagramm hat bei dem griechischen Philosophen Pythagoras eine wichtige Rolle gespielt. Es stand für Kraft, Harmonie, Gesundheit. Goethe hatte das wohl nicht im Sinne, sonst hätte er es in seinen eigenen Erklärung erwähnt. Ihm war wohl nur der Gegensatz zwischen der inneren Bestimmung und der Ewigkeit der Seele auf der einen Seite, und die einschränkenden Faktoren des Lebens auf der anderen Seite wichtig. Mein obiges Pentagramm kann man als einen Deutungsvorschlag nehmen. Damit hätte man ein Symbol für das eigene Leben.

Der Kreis wäre ein anderes Symbol, eine Stufenentwicklung von sieben Stufen ein weiteres. Goethe bietet uns hier kein Symbol und auch keine wirklich überzeugende Erklärung der menschlichen Existenz, die wir als Sinndeutung und Orientierung übernehmen könnten. So bleiben seine Urworte am Ende wohl nur Texte für eine Gedichtsammlung.

Eins und Alles

Im Grenzenlosen sich zu finden,
Wird gern der Einzelne verschwinden,
Da löst sich aller Überdruß;
Statt heißem Wünschen, wildem Wollen,
Statt läst'gem Fordern, strengem Sollen
Sich aufzugeben ist Genuß.

Weltseele, komm' uns zu durchdringen!
Dann mit dem Weltgeist selbst zu ringen
Wird unsrer Kräfte Hochberuf.
Teilnehmend führen gute Geister,
Gelinde leitend, höchste Meister,
Zu dem, der alles schafft und schuf.

Und umzuschaffen das Geschaffne,
Damit sich's nicht zum Starren waffne,
Wirkt ewiges lebend'ges Tun.
Und was nicht war, nun will es werden
Zu reinen Sonnen, farbigen Erden,
In keinem Falle darf es ruhn.

Es soll sich regen, schaffend handeln,
Erst sich gestalten, dann verwandeln;
Nur scheinbar steht's Momente still.
Das Ewige regt sich fort in allen:
Denn alles muß in Nichts zerfallen,
Wenn es im Sein beharren will.

Auch in diesem Gedicht thematisiert Goethe das schöpferische Prinzip und die permanente Wandlung der Natur. Die Weltseele oder der Weltgeist ist nichts Starres, sondern immer lebendig, sich bewegend, wandelnd.

Wenn sich das Individuum im Ganzen auflöst, dann ist das nicht ein Verlust, sondern im Gegenteil ein Gewinn, ein Genuss, wie Goethe sagt. Von der Weltseele sollen wir durchdrungen werden, mit dem Weltgeist uns jedoch messen, um ihn durch unser Tun zu erfassen.

Man kann sich fragen, worin der Unterschied von Weltseele und Weltgeist besteht. Sind es Synonyme? Oder war und ist die Weltseele schon immer vorhanden, wohin der Weltgeist mit den menschlichen Aktivitäten zusammenhängt?

Auf jeden Fall plädiert Goethe hier für eine rege Geistestätigkeit, die sich immer wieder Veränderungen stellt. Das war seine zentrale Lebensphilosophie. Erstarrung zerfällt ins Nichts, tötet also das Leben. Ewiges Leben bedeutet für den Geistesmenschen permanente Forschung, Dichtung, Erkenntnissuche, Erkenntniserweiterung etc. Der moderne Mensch mag darunter vielleicht den ewigen Konsum verstehen. Goethe betont hingegen die Aktivität, die *vita activa*, das rege Geistesleben.

Selige Sehnsucht

Sagt es niemand, nur den Weisen,
Weil die Menge gleich verhöhnet,
Das Lebend'ge will ich preisen,
Das nach Flammentod sich sehnet.

In der Liebesnächte Kühlung,
Die dich zeugte, wo du zeugtest,
Überfällt dich fremde Fühlung,
Wenn die stille Kerze leuchtet.

Nicht mehr bleibest du umfangen
In der Finsternis Beschattung,
Und dich reißet neu Verlangen
Auf zu höherer Begattung.

Keine Ferne macht dich schwierig,
Kommst geflogen und gebannt,
Und zuletzt, des Lichts begierig,
Bist du Schmetterling verbrannt.

Und so lang du das nicht hast,
Dieses: Stirb und werde!
Bist du nur ein trüber Gast
Auf der dunklen Erde.

Die in diesem Gedicht angesprochene Sehnsucht geht über alle Grenzen der Individualität hinaus. Die verwendeten erotischen Begriffe und Bilder gehen natürlich über die Ebene der Erotik hinaus. Dennoch gilt es wohl, ein wichtiges Prinzip der Erotik zu verstehen, nämlich das einer Auflösung in einer gemeinsamen Erfahrung, einem intensiven Daseinsgefühl.

Das, was sterben muss, das ist die individuelle Abgrenzung vom Sein, die Fixierung auf das Ego. Das Ego muss in der Erleuchtung verschwinden, denn das Ego verhindert Erleuchtung, wenn es auf seine Beschränkungen beharrt. Wenn das Ich sein kleines, begrenztes Sein bewahren will, dann bleibt es der „trübe Gast" auf der Erde, also eingeschränkt durch irdische Sichtweisen, z.B. durch den Materialismus. Ist das Ich jedoch bereit, sich ganz und gar aufzugeben, dann kann es eine höhere Dimension erreichen.

Das Alte muss sterben, damit das Neue sein kann. Der Imperativ „stirb und werde" ist leicht gesagt, aber schwer umgesetzt, denn in der westlichen Kultur, die auf die Rationalität fixiert ist und diese für die höchste Ebene hält, will man ja seinen Verstand nicht aufgeben. Das ist jedoch eine notwendige Bedingung, wenn man in eine höhere Dimension kommen möchte. Man kann das Gedicht im Sinne buddhistischer Erleuchtung verstehen, aber auch im Sinne christlicher Mystik. Der Mystik kommt es immer auf das Phänomen der Transformation an, nicht auf religiöse Dogmen, denn die gehören zur Welt des Verstandes.

Dichten und Religion bei Goethe

„Neid ist gedrücktes, Dichten ist gesteigertes Leben. Dichten ist Ausdruck von starken Augenblicken und erfrischt die Lebensgeister, auch im Schmerz und in der Trauer, indem es dem Erhebenden wie dem Bedrückendem Klang und Gestalt gibt. Das Dichten ist wie das Leben, ohne Ziel und Zweck, in sich kreisend: *Dein Lied ist drehend wie das Sterngewölbe,/Anfang und Ende immerfort dasselbe.* Poesie ist Nachahmung dieses in sich kreisenden Lebens, doch eine gesteigerte, weil sie in Schönheit übergeht. Die Schönheit der Poesie hat etwas Triumphierenden, auch wenn sie aus Verzweiflung und Trauer kommen mag." (Safranski, S.562)

So beschreibt Safranski in seinem Goethebuch das Dichten. Ich stimme ihm zu. Der Zweck scheint mir aber schon der zu sein, das Leben, das Lebendigste durch den poetischen Prozess zu erfassen, zu erfahren. Über die übliche Nützlichkeit geht das natürlich hinaus. Schönheit ist für den Dichter ein hoher und zentraler Wert, die Schönheit der Sprache, der Bilder, der Metaphern, der Wörter, die er wählt, des Klangs, des Metrums, des Rhythmus. Das sind nicht nur formale Besonderheiten, sondern Bausteine der Schönheit.

Jeder kann sich selbst fragen, wo in der modernen Zeit Schönheit ein Ziel ist, und wo es nur um Funktionalität, Effektivität und Profite geht.

Safranski erwähnt das Phänomen der Ekstase. Das ist nicht unbedingt nur Teil des poetischen Weltbildes, auch der religiöse Mensch kann Ekstase suchen, leben, erfahren. Allerdings gibt es eben die Moralisten, die rational und rigide auf die Einhaltung der Gebote pochen und diejenigen, die dagegen verstoßen, am liebsten auspeitschen, verbrennen, aufhängen etc. wollen.

Goethe vertritt in seinem Leben und in seiner Dichtung die „natürliche Religion".

„Diese Religion ist nicht apart, sondern elementar. In ihr ist nur von dem *großen Wesen* die Rede, das sich im Ganzen der Natur *verbirgt* und sich gerade nicht in einer Person, in einem umgrenzten einmaligen Geschehen oder gar im schriftlichen Dokument einer Offenbarung manifestiert." (Safranski, S. 564)

Das unterscheidet Goethe fundamental von allen dogmatisch religiösen Menschen, die immer auf die Einzigartigkeit und Absolutheit ihres religiösen Führers und der Schriften pochen, hartnäckig und fanatisch.

Poesie hat keinen Absolutheitsanspruch. Das kann man nicht genug betonen. Wie das Leben so spielt sie eher mit Formen und Farben, Bildern und Symbolen. Sie stiftet Sinn und Schönheit. Sie schafft sinnliche Bedeutung und eine schöne Welt, außen wie innen, innen wie außen.

Der Dichter ist und bleibt immer ein Freigeist. Alle Systeme, auch die nichtreligiösen, lehnen die Freigeister ab. Die Systemvertreter kommen mit Verdikten wie „ketzerisch" oder „subjektivistisch". Das Christentum hat in Europa viele Freigeister auf dem Scheiterhaufen verbrannt, die sogenannten Wissenschaftler grenzen sie aus.

Am Anfang ist Religion oft, mehr oder weniger, poetische Erfindung. Später wird sie dann jedoch zum dogmatischen System, das nicht mehr in Frage gestellt werden darf.

„Sie (die Religion) soll absolut wahr sein, darum darf sie nicht poetisch sein. Sie muss ihre Gleichursprünglichkeit mit der Poesie, diese für sie gefährliche Nachbarschaft, verleugnen. Die Poesie untergräbt durch ihre schiere Existenz als Erfindungskunst den absoluten Wahrheitsanspruch der Religion, die ungern an ihren Erfindungscharakter erinnert wird. Poesie lässt gelten, Religion aber will gelten, auf Teufel komm raus. Das ergibt den doktrinären Ton." (Safranski, S.564)

Religion war für Goethe immer frei. So denn auch der Geist, der sich mit vielem befassen kann, der vieles studieren und erfahren kann, der niemals den Kontakt zum Leben, zu den Elementen verliert, der also immer, bei aller Sehnsucht nach einer transzendenten Dimension, geerdet bleibt. Dieser Geist ist nicht nur ernst, verbissen und auf eine Deutung fixiert, er ist auch spielerisch, ironisch, paradox etc.

Über den Geist der Liebe schreibt Goethe im West-östlichen Divan in euphorischer Weise.

„Diese lyrische Exaltation bezieht sich auf eine Geliebte und zugleich auf ein kosmisches Prinzip – das ist erotischer Pantheismus in Gestalt eines poetischen Polytheismus. Fehlt nur noch der Monotheismus in moralischen Fragen, dann wäre der uns inzwischen bekannten Maxime Genüge getan: Wir sind/ naturforschend Pantheisten, / dichtend Polytheisten, / sittlich Monotheisten." (Safranski, S. 567)

Ob diese Begriff noch so hilfreich sind, möchte ich bezweifeln. Monotheismus, Pantheismus, Atheismus etc., mir scheint das alles nicht mehr viel zu sagen. Spirituelles Leben und Erfahren ist keine Sache der Begriffe, sondern des Lebens. Das gilt ebenso für das Dichten. Auch das „Heilige" ist keine Angelegenheit einer Anbetung, sondern eine der eigenen Erfahrung.

Für den Dichter ist der Mensch, der es nicht im Inneren spürt und fühlt, ein armer Mensch. Wenn er sich an Dogmen und Schriften orientiert, dann hat er höchstens einen dürftigen Ersatz, aber eben nicht die eigene Erfahrung. Eine schön geschriebene Speisekarte ersetzt auch keine richtige Mahlzeit.

Zusammenfassung:

1. Die Natur wird als Göttin, als Muse verehrt.

2. Gespräch mit dem Mond, dem natürlichen Tröster der Seelen.

3. Man sollte auf die zarte Stimme der Natur hören und entsprechend handeln.

4. Das schöpferische Prinzip der Natur ist unendlich.

5. Das Ich sehnt sich nach einer Entgrenzung (Transformation) und einer Auflösung in der ganzen Natur.

6. Der Künstler möchte die Quelle der natürlichen Kreativität anzapfen.

7. Zentrales Grundprinzip der Natur ist die Metamorphose, das Wandeln der Formen und Gestalten.

8. Alles in der Natur ist miteinander vernetzt.

9. Seele und Natur sind im Wesen identisch.

10. Die Natur sendet immer wieder positive Zeichen und Botschaften (Regenbogen).

11. Menschliches Leben entfaltet sich nach grundlegenden Prinzipien. Der zentrale Punkt ist und bleibt die unsterbliche Seele.

12. Die Weltseele wirken lassen und den Weltgeist zu erfassen suchen, in einem ewigen Bemühen.

13. Auflösung des Egos in einer höheren Dimension: Erleuchtung.

Man könnte die Aufzählung schon fast als ein kleines System verstehen, aber Goethe hatte keines und wollte kein fertiges System darstellen. Hat er sich doch am Anfang von der Kirche und ihrer Dogmatik losgesagt. Systeme können auch Dichtung einengen, keine Freiheit der dichterischen Gestaltung mehr zulassen. So suchte Goethe im Laufe seines Lebens eher nach neuen Wegen, nach Möglichkeiten des Ausdrucks.

2. Naturverehrung in Hölderlins Lyrik

Hölderlin, der *Grieche* in Deutschland, der Fremdling aus der Welt der Dichtung, ist sicher ein großer deutscher Dichter. Keiner hat sich so sehr mit dem Sein als Dichter identifiziert. Dichter sein, das war für ihn die wahre, die einzige Bestimmung. Dafür hat er gelebt und gelitten, und am Ende seinen klaren Geist verloren.

Wozu Dichter in dürftiger Zeit?, so lautet eine bekannte Frage von ihm. Die eigene Zeit hat er als unpoetisch empfunden, obgleich sie ja, wenn man sich die Werke der damaligen Dichter anschaut, nicht unbedingt als unpoetisch angesehen werden kann. Heute ist es viel schlimmer, obgleich, wenn man viele Songtexte betrachtet, es auch viel Poetisches gibt. So mancher Schlagertext erreicht mehr Menschen als manches gut gemeinte Gedicht mit kryptischen Metaphern. Ein vielen bekanntes Gedicht von Hölderlin ist das folgende:

Hälfte des Lebens

Mit gelben Birnen hänget
Und voll mit wilden Rosen
Das Land in den See,
Ihr holden Schwäne,
Und trunken von Küssen
Tunkt ihr das Haupt
Ins heilignüchterne Wasser.

Weh mir, wo nehm' ich, wenn
Es Winter ist, die Blumen, und wo
Den Sonnenschein,
Und Schatten der Erde?
Die Mauern stehn
Sprachlos und kalt, im Winde
Klirren die Fahnen.

Zwei Seinszustände stehen sich in diesem Gedicht gegenüber, bilden einen starken Kontrast. Hölderlin thematisiert hier seine eigene Zerrissenheit, seine eigene innere Spaltung. Auf der einen Seite die Verehrung der schönen Natur, auf der anderen Seite seine seelische Not in der Zeit der Kälte und der Isolation.

Das Gedicht ist einfach, leicht zu verstehen. Ganz anders sind da seine langen Vaterländischen Gesänge, die viel komplexer, viel schwieriger zu erfassen sind. Jeder kann sich die Fülle des Herbstes vorstellen, die Schwäne, den Winter und das, was man im Winter vermisst.

Schwieriger ist da schon das „heilignüchterne Wasser" zu verstehen. Es bezieht sich, denke ich, auf ein spirituelles Verbundenheitsgefühl mit der Natur, hier das Wasser des Neckar, dem Fluss, an welchem Hölderlin aufgewachsen war und am Ende lebte. Aber wie fassen wir den spezifischen Geisteszustand, den Hölderlin uns mit seinem Bild von den Schwänen vermitteln möchte? Können wir es als Ekstase bezeichnen? Als eine mystische Verschmelzung mit der als heilig empfundenen Natur?

Ich denke ja, denn Hölderlin will uns nicht nur eine schöne Natur aufzeigen, eine Idylle am Fluss mit Birnen, Rosen und Schwänen. Für ihn gehören Schönheit und Mystik zusammen. Das Göttliche ist in der Natur. Der Mensch erfährt es in der Natur, wenn er dafür offen ist. Für den Dichter ist es nicht in einem abstrakten Jenseits, sondern in der realen, sichtbaren, hörbaren Natur zu erfahren.

Die andere Seite der umfassenden Schönheit, die Kälte, die Sprachlosigkeit, der Wind und die knatternden Fahnen sind auch vorhanden. Für die fühlende Seele ist es schwer, beides erleben zu müssen.

Schauen wir uns im Kontrast zu dem einfachen Kurzgedicht eines seiner langen Gedichte an, den Rhein. Texte dieser Art muss man sich erlesen. Es reicht nicht, sie mal eben durchzulesen, *ach, wie schön* zu sagen, und sie dann fortzulegen. Man muss sich langsam auf die feierliche Verehrung der Natur einlassen, ihr nachspüren.

Der Rhein

1

Im dunkeln Efeu saß ich, an der Pforte
Des Waldes, eben, da der goldene Mittag,
Den Quell besuchend, herunterkam
Von Treppen des Alpengebirgs,
Das mir die göttlichgebaute,
Die Burg der Himmlischen heißt
Nach alter Meinung, wo aber
Geheim noch manches entschieden
Zu Menschen gelanget; von da
Vernahm ich ohne Vermuten
Ein Schicksal, denn noch kaum
War mir im warmen Schatten
Sich manches beredend, die Seele
Italia zu geschweift
Und fernhin an die Küsten Moreas.

2

Jetzt aber, drin im Gebirg,
Tief unter den silbernen Gipfeln
Und unter fröhlichem Grün,
Wo die Wälder schauernd zu ihm,
Und der Felsen Häupter übereinander
Hinabschaun, taglang, dort
Im kältesten Abgrund hört'
Ich um Erlösung jammern
Den Jüngling, es hörten ihn, wie er tobt',
Und die Mutter Erd' anklagt',
Und den Donnerer, der ihn gezeuget,
Erbarmend die Eltern, doch
Die Sterblichen flohn von dem Ort,
Denn furchtbar war, da lichtlos er
In den Fesseln sich wälzte,
Das Rasen des Halbgotts.

3

Die Stimme wars des edelsten der Ströme,
Des freigeborenen Rheins,
Und anderes hoffte der, als droben von den Brüdern,
Dem Tessin und dem Rhodanus,
Er schied und wandern wollt', und ungeduldig ihn
Nach Asia trieb die königliche Seele.
Doch unverständig ist
Das Wünschen vor dem Schicksal.
Die Blindesten aber
Sind Göttersöhne. Denn es kennet der Mensch
Sein Haus und dem Tier ward, wo
Es bauen solle, doch jenen ist
Der Fehl, daß sie nicht wissen wohin?
In die unerfahrne Seele gegeben.

4

Ein Rätsel ist Reinentsprungenes. Auch
Der Gesang kaum darf es enthüllen. Denn
Wie du anfingst, wirst du bleiben,
So viel auch wirket die Not,
Und die Zucht, das meiste nämlich
Vermag die Geburt,
Und der Lichtstrahl, der
Dem Neugebornen begegnet.
Wo aber ist einer,
Um frei zu bleiben
Sein Leben lang, und des Herzens Wunsch
Allein zu erfüllen, so
Aus günstigen Höhn, wie der Rhein,
Und so aus heiligem Schoße
Glücklich geboren, wie jener?

5

Drum ist ein Jauchzen sein Wort.
Nicht liebt er, wie andere Kinder,

In Wickelbanden zu weinen;
Denn wo die Ufer zuerst
An die Seit ihm schleichen, die krummen,
Und durstig umwindend ihn,
Den Unbedachten, zu ziehn
Und wohl zu behüten begehren
Im eigenen Zahne, lachend
Zerreißt er die Schlangen und stürzt
Mit der Beut und wenn in der Eil'
Ein Größerer ihn nicht zähmt,
Ihn wachsen läßt, wie der Blitz, muß er
Die Erde spalten, und wie Bezauberte fliehn
Die Wälder ihm nach und zusammensinkend die Berge.

6

Ein Gott will aber sparen den Söhnen
Das eilende Leben und lächelt,
Wenn unenthaltsam, aber gehemmt
Von heiligen Alpen, ihm
In der Tiefe, wie jener, zürnen die Ströme.
In solcher Esse wird dann
Auch alles Lautre geschmiedet,
Und schön ists, wie er drauf,
Nachdem er die Berge verlassen,
Stillwandelnd sich im deutschen Lande
Begnüget und das Sehnen stillt
Im guten Geschäfte, wenn er das Land baut,
Der Vater Rhein, und liebe Kinder nährt
In Städten, die er gegründet.

7

Doch nimmer, nimmer vergißt ers.
Denn eher muß die Wohnung vergehn,
Und die Satzung und zum Unbild werden
Der Tag der Menschen, ehe vergessen
Ein solcher dürfte den Ursprung

Und die reine Stimme der Jugend.
Wer war es, der zuerst
Die Liebesbande verderbt
Und Stricke von ihnen gemacht hat?
Dann haben des eigenen Rechts
Und gewiß des himmlischen Feuers
Gespottet die Trotzigen, dann erst
Die sterblichen Pfade verachtend
Verwegnes erwählt
Und den Göttern gleich zu werden getrachtet.

8

Es haben aber an eigner
Unsterblichkeit die Götter genug, und bedürfen
Die Himmlischen eines Dings,
So sinds Heroën und Menschen
Und Sterbliche sonst. Denn weil
Die Seligsten nichts fühlen von selbst,
Muß wohl, wenn solches zu sagen
Erlaubt ist, in der Götter Namen
Teilnehmend fühlen ein Andrer,
Den brauchen sie; jedoch ihr Gericht
Ist, daß sein eigenes Haus
Zerbreche der und das Liebste
Wie den Feind schelt' und sich Vater und Kind
Begrabe unter den Trümmern,
Wenn einer, wie sie, sein will und nicht
Ungleiches dulden, der Schwärmer.

9

Drum wohl ihm, welcher fand
Ein wohlbeschiedenes Schicksal,
Wo noch der Wanderungen
Und süß der Leiden Erinnerung
Aufrauscht am sichern Gestade,
Daß da und dorthin gern

Er sehn mag bis an die Grenzen
Die bei der Geburt ihm Gott
Zum Aufenthalte gezeichnet.
Dann ruht er, seligbescheiden,
Denn alles, was er gewollt,
Das Himmlische, von selber umfängt
Es unbezwungen, lächelnd
Jetzt, da er ruhet, den Kühnen.

10

Halbgötter denk ich jetzt
Und kennen muß ich die Teuern,
Weil oft ihr Leben so
Die sehnende Brust mir beweget.
Wem aber, wie, Rousseau, dir,
Unüberwindlich die Seele
Die starkausdauernde, ward,
Und sicherer Sinn
Und süße Gabe zu hören,
Zu reden so, daß er aus heiliger Fülle
Wie der Weingott, törig göttlich
Und gesetzlos sie die Sprache der Reinesten gibt
Verständlich den Guten, aber mit Recht
Die Achtungslosen mit Blindheit schlägt
Die entweihenden Knechte, wie nenn ich den Fremden?

11

Die Söhne der Erde sind, wie die Mutter,
Alliebend, so empfangen sie auch
Mühlos, die Glücklichen, Alles.
Drum überraschet es auch
Und schröckt den sterblichen Mann,
Wenn er den Himmel, den
Er mit den liebenden Armen
Sich auf die Schultern gehäuft,
und die Last der Freude bedenket;

Dann scheint ihm oft das Beste,
Fast ganz vergessen da,
Wo der Strahl nicht brennt,
Im Schatten des Walds
Am Bielersee in frischer Grüne zu sein,
Und sorglosarm an Tönen,
Anfängern gleich, bei Nachtigallen zu lernen.

12

Und herrlich ists, aus heiligem Schlafe dann
Erstehen und aus Waldes Kühle
Erwachend, Abends nun
Dem milderen Licht entgegenzugehn,
Wenn, der die Berge gebaut
Und den Pfad der Ströme gezeichnet,
Nachdem er lächelnd auch
Der Menschen geschäftiges Leben
Das othemarme, wie Segel
Mit seinen Lüften gelenkt hat,
Auch ruht und zu der Schülerin jetzt,
Der Bildner, Gutes mehr
Denn Böses findend,
Zur heutigen Erde der Tag sich neiget. –

13

Dann feiern das Brautfest Menschen und Götter,
Es feiern die Lebenden all,
Und ausgeglichen
Ist eine Weile das Schicksal.
Und die Flüchtlinge suchen die Herberg,
Und süßen Schlummer die Tapfern,
Die Liebenden aber
Sind, was sie waren, sie sind
Zu Hause, wo die Blume sich freuet
Unschädlicher Glut und die finsteren Bäume
Der Geist umsäuselt, aber die Unversöhnten

Sind umgewandelt und eilen
Die Hände sich ehe zu reichen,
Bevor das freundliche Licht
Hinuntergeht und die Nacht kommt.

14

Doch einigen eilt
Dies schnell vorüber, andere
Behalten es länger.
Die ewigen Götter sind
Voll Lebens allzeit; bis in den Tod
Kann aber ein Mensch auch
Im Gedächtnis doch das Beste behalten,
Und dann erlebt er das Höchste.
Nur hat ein jeder sein Maß.
Denn schwer ist zu tragen
das Unglück, aber schwerer das Glück.
Ein Weiser aber vermocht es
Vom Mittag bis in die Mitternacht,
Und bis der Morgen erglänzte,
Beim Gastmahl helle zu bleiben.

15

Dir mag auf heißen Pfade unter Tannen oder
Im dunkel des Eichwalds gehüllt
In Stahl, mein Sinklair! Gott erscheinen oder
In Wolken, du kennst ihn, da du kennest, jugendlich,
Des Guten Kraft, und nimmer ist dir
Verborgen das Lächeln des Herrschers
Bei Tage, wenn
Es fieberhaft und angekettet das
Lebendige scheinet oder auch
Bei Nacht, wenn alles gemischt
Ist ordnungslos und wiederkehrt
Uralte Verwirrung.

Hölderlin war zwar sehr mit Griechenland verbunden, aber er hat vor allem auch deutsche Städte (z.B. Heidelberg) und Flüsse (z.B. den Neckar) besungen. Das lange Gedicht *Der Rhein* gehört zu den „vaterländischen Gesängen".

Er will die elementare Kraft des Flusses feiern, der frei, rein und ursprünglich ist, der sich auch immer an seinen heiligen Ursprung erinnert und diesen niemals verrät. Auch Unmögliches, Gigantomanisches maßt er sich nicht an.

Nach den ersten sechs Strophen wechselt Hölderlin eigentlich sein Thema. Es geht nicht mehr um dem Rhein, es geht nicht mehr um den Fluss, sondern um das menschliche Leben und die Frage, wie es, mehr oder weniger, vollendet werden kann. Ich habe den Eindruck, dass seelische Probleme bei Hölderlin wichtiger als die Natur sind, eben die Frage, wann der Riss, die Spaltung in die Welt kam, wann die Harmonie zerstört wurde. (7)

Die Hybris (7) des Menschen schlechthin besteht darin, sich als einen Gott zu begreifen. Wer von der Hybris ergriffen wird, zerstört am Ende alles (8). Ein erschreckend aktueller Teil des Gedichts, wie ich finde.

Damit Leben gelingen kann, muss es bescheiden sein und in sich ruhen. Man muss die Grenzen akzeptieren und sich für das Himmlische öffnen. (9)

Wer tief und innerlich mit der Natur verbunden ist, der kann Harmonie im Leben erreichen. Die göttliche und die menschliche Dimension des Dasein werden so in Einklang gebracht. (13)

Aber das Leben geht weiter, als wandelt sich, nur das Gedächtnis kann etwas bewahren, nämlich die tiefe Verbundenheit mit dem ganzen Sein. (14)

Inspiration, also geistige Impulse, kann man immer und überall erfahren, bei Tag wie bei Nacht. Inspiration will immer wie der Fluss Freiheit und Entfaltung für das eigene Dasein. (15)

Der Fluss ist ein natürliches Bild für Freiheit und Entfaltung. Das ist seine Botschaft, die der Mensch auf sich und sein Leben übertragen kann. Auch der Mensch, ob nun Dichter (Rousseau, 10), Philosoph (Sokrates, 14) oder politischer Mensch (Sinclair, 15), er braucht echte Freiheit für sein Leben und für seine Seele.

Hölderlin beschwört die Kraft und Eigenständigkeit des Flusses für die eigene Seele. Die Natur ist wie ein Versprechen für das eigene Leben. Sie soll dem eigenen Ich Kraft und Energie übertragen. Es mag vielleicht ein wenig kühn sein, aber ich würde Hölderlins Gesang als *Beschwörungsgesang* bezeichnen wollen, auch wenn vieles eher nach Weisheiten klingt, die er zum Ausdruck bringen möchte.

Die Weisheiten kann man hinterfragen. Warum erlebt man das Höchste, wenn man das Beste im Gedächtnis behält? Und was heißt das überhaupt: das Beste, das Höchste? Was ist mit den Superlativen gemeint? Seine Weisheiten kommen mir abstrakt und abgehoben vor. Wenig hilfreich für das Leben.

„Denn schwer ist zu tragen / das Unglück, aber schwerer das Glück." Stimmt das? Oder ist es ein Symptom für Schizophrenie, der keine Erdung gelingen will. Im Gegensatz zu meiner Studentenzeit kommen mir Hölderlins Gedicht deutlich psychisch kranker vor als die von Goethe, der ein ausgewogenes, gesundes Verhältnis zur Natur und zum Leben hatte.

Wir wissen auch nicht, wie Hölderlin seinen Gesang vorgetragen hätte. Wie sollen wir uns den Tonfall vorstellen? Vermutlich feierlich, wie ein Gebet an die heilige Natur, außerdem innerlich voll und ganz überzeugt von seinen gefundenen Weisheiten, die vielleicht gar keine sind. Stellen wir uns ihn vor wie einen Dichter-Priester. Als Dichter-Priester will er Heiliges beschwören, kann sich aber nicht auf ein Thema konzentrieren und eine Gemeinde, die ihn versteht, hat er leider auch nicht. *Der arme Hölderlin!* Das meine ich nicht zynisch, eher bemitleidend, bedauernd.

Hölderlin nannte seinen Gesang *Der Rhein*, aber er geht viel zu wenig auf den konkreten Fluss Rhein ein. Man vermisst konkrete Orte des Rheins. Deren Bedeutung und Symbolik hätte er sich durchaus widmen können. So ist es am Ende leider auch kein echtes Vaterlandsgedicht geworden, obgleich er das ja wohl angezielt haben dürfte.

Das folgende Gedicht ist deutlich leichter und schneller zu verstehen:

An die Natur

Da ich noch um deinen Schleier spielte,
Noch an dir, wie eine Blüte hing,
Noch dein Herz in jedem Laute fühlte,
Der mein zärtlichbebend Herz umfing,
Da ich noch mit Glauben und mit Sehnen
Reich, wie du, vor deinem Bilde stand,
Eine Stelle noch für meine Tränen,
Eine Welt für meine Liebe fand,

Da zur Sonne noch mein Herz sich wandte,
Als vernähme seine Töne sie,
Und die Sterne seine Brüder nannte
Und den Frühling Gottes Melodie,
Da im Hauche, der den Hain bewegte,
Noch dein Geist, dein Geist der Freude sich
In des Herzens stiller Welle regte,
Da umfingen goldne Tage mich.

Wenn im Tale, wo der Quell mich kühlte,
Wo der jugendlichen Sträuche Grün
Um die stillen Felsenwände spielte
Und der Aether durch die Zweige schien,
Wenn ich da, von Blüten übergossen,
Still und trunken ihren Othem trank
Und zu mir, von Licht und Glanz umflossen,
Aus den Höhn die goldne Wolke sank -

Wenn ich fern auf nackter Heide wallte,
Wo aus dämmernder Geklüfte Schoß
Der Titanensang der Ströme schallte

Und die Nacht der Wolken mich umschloß,
Wenn der Sturm mit seinen Wetterwogen
Mir vorüber durch die Berge fuhr
Und des Himmels Flammen mich umflogen,
Da erschienst du, Seele der Natur!

Oft verlor ich da mit trunknen Tränen
Liebend, wie nach langer Irre sich
In den Ozean die Ströme sehnen,
Schöne Welt! in deiner Fülle mich;
Ach! da stürzt ich mit den Wesen allen
Freudig aus der Einsamkeit der Zeit,
Wie ein Pilger in des Vaters Hallen,
In die Arme der Unendlichkeit. -

Seid gesegnet, goldne Kinderträume,
Ihr verbargt des Lebens Armut mir,
Ihr erzogt des Herzens gute Keime,
Was ich nie erringe, schenktet ihr!
O Natur! an deiner Schönheit Lichte,
Ohne Müh und Zwang entfalteten
Sich der Liebe königliche Früchte,
Wie die Ernten in Arkadien.

Tot ist nun, die mich erzog und stillte,
Tot ist nun die jugendliche Welt,
Diese Brust, die einst ein Himmel füllte,
Tot und dürftig, wie ein Stoppelfeld;
Ach! es singt der Frühling meinen Sorgen
Noch, wie einst, ein freundlich tröstend Lied,
Aber hin ist meines Lebens Morgen,
Meines Herzens Frühling ist verblüht.

Ewig muß die liebste Liebe darben,
Was wir liebten, ist ein Schatten nur,
Da der Jugend goldne Träume starben,

Starb für mich die freundliche Natur;
Das erfuhrst du nicht in frohen Tagen,
Daß so ferne dir die Heimat liegt,
Armes Herz, du wirst sie nie erfragen,
Wenn dir nicht ein Traum von ihr genügt.

Die ozeanischen Naturgefühle im früheren Leben und die gegenwärtige, heutige Situation. Jeder kennt den Gegensatz aus dem eigenen Leben. In der Kindheit schien alles so herrlich und wunderbar, voller Zauber und voller Geheimnisse. Aber die Zeit der magischen Verbundenheit mit der Natur ist vorbei. Ist sie es wirklich, oder will des dem Dichter nur so scheinen? Er hat seine Erinnerung, seinen Traum von der Heimat, und sicherlich auch seine rückwärts gewandte Sehnsucht, die ihm durchaus die goldenen Tage der Kindheit zurückbringen kann.

Das Gedicht ist vor allem eine Klage um den Verlust der Einheit mit der Natur. Man kann sich fragen, warum es ihm nicht gelingt, das Einheitsgefühl zurückzuholen. Vermutlich ist er zu wenig geerdet, lebt zu wenig im Hier und Jetzt. Hat als Erwachsener keine richtige Aufgabe und Arbeit gefunden, ist nicht eingebunden in die Gesellschaft.

Auch in dem folgenden Gedicht zeigt sich das psychische Problem, dass er sich weder dem konkreten Fluss noch der Gegenwart richtig widmen kann. Er möchte den Fluss seiner Heimat, den Neckar besingen, aber sein Geist schweift ab. Seine Seele zieht es nach dem fernen Griechenland und er scheint sich darin zu verlieren. Nur am Ende kommt er dann auf den Neckar zurück. Ihm will er die Treue halten.

Der Neckar

In deinen Tälern wachte mein Herz mir auf
   Zum Leben, deine Wellen umspielten mich,
     Und all der holden Hügel, die dich
       Wanderer! kennen, ist keiner fremd mir.

  Auf ihren Gipfeln löste des Himmels Luft
    Mir oft der Knechtschaft Schmerzen; und aus dem Tal,
      Wie Leben aus dem Freudebecher,
        Glänzte die bläuliche Silberwelle.

Der Berge Quellen eilten hinab zu dir,
   Mit ihnen auch mein Herz und du nahmst uns mit,
     Zum stillerhabnen Rhein, zu seinen
       Städten hinunter und lustgen Inseln.

Noch dünkt die Welt mir schön, und das Aug entflieht
   Verlangend nach den Reizen der Erde mir,
     Zum goldenen Paktol, zu Smyrnas
       Ufer, zu Ilions Wald. Auch möcht ich

Bei Sunium oft landen, den stummen Pfad
Nach deinen Säulen fragen, Olympion!
Noch eh der Sturmwind und das Alter
Hin in den Schutt der Athenertempel

Und ihrer Gottesbilder auch dich begräbt,
Denn lang schon einsam stehst du, o Stolz der Welt,
Die nicht mehr ist. Und o ihr schönen
Inseln Ioniens! wo die Meerluft

Die heißen Ufer kühlt und den Lorbeerwald
Durchsäuselt, wenn die Sonne den Weinstock wärmt,
Ach! wo ein goldner Herbst dem armen
Volk in Gesänge die Seufzer wandelt,

Wenn sein Granatbaum reift, wenn aus grüner Nacht
Die Pomeranze blinkt, und der Mastixbaum
Von Harze träuft und Pauk und Cymbel
Zum labyrinthischen Tanze klingen.

Zu euch, ihr Inseln! bringt mich vielleicht, zu euch
Mein Schutzgott einst; doch weicht mir aus treuem Sinn
Auch da mein Neckar nicht mit seinen
Lieblichen Wiesen und Uferweiden.

Wie beim Rhein so ist auch hier der Titel eigentlich falsch. Es geht
nicht wirklich um den Neckar, sondern um seine zu starke Sehnsucht in
ferne Welten. Auch wenn er sich mit seiner Heimat verbunden fühlt, so
treibt sich sein Geist doch lieber in anderen Welten herum, die er nur aus
der Literatur kennt, also nicht wirklich, nicht real. Es sind nur Traumwelten.

Die Eichbäume

Aus den Gärten komm ich zu euch, ihr Söhne des Berges!
Aus den Gärten, da lebt die Natur geduldig und häuslich,
Pflegend und wieder gepflegt mit dem fleißigen Menschen zusammen.
Aber ihr, ihr Herrlichen! steht, wie ein Volk von Titanen
In der zahmeren Welt und gehört nur euch und dem Himmel,
Der euch nährt' und erzog, und der Erde, die euch geboren.
Keiner von euch ist noch in die Schule der Menschen gegangen,
Und ihr drängt euch fröhlich und frei, aus der kräftigen Wurzel,
Untereinander herauf und ergreift, wie der Adler die Beute,
Mit gewaltigem Arme den Raum, und gegen die Wolken
Ist euch heiter und groß die sonnige Krone gerichtet.
Eine Welt ist jeder von euch, wie die Sterne des Himmels
Lebt ihr, jeder ein Gott, in freiem Bunde zusammen.
Könnt ich die Knechtschaft nur erdulden, ich neidete nimmer
Diesen Wald und schmiegte mich gern ans gesellige Leben.
Fesselte nur nicht mehr ans gesellige Leben das Herz mich,
Das von Liebe nicht läßt, wie gern würd ich unter euch wohnen!

Hölderlin stellt hier zwei unterschiedliche Daseinsbereiche gegenüber. Auf der einen Seite der Garten und die Welt der Menschen, auf der anderen Seite die Berge, die großen Bäume und die wilde Natur.

Die eine Sphäre ist einengend, die andere befreiend.

Die menschliche Welt scheint keine von Spiritualität geprägt Welt zu sein. Sie unterdrückt menschliches Dasein, vor allem unterdrückt sie eine freie, eine autonome Spiritualität. Obgleich Hölderlin Theologie studiert hatte, kann man vielleicht sagen, dass er immer nach einer gänzlich neuen und vor allem freien Spiritualität gesucht hat, und zwar einer, die etwas mit Natur zu tun hat.

Bei den großen Eichen, bei den „Söhnen des Berges", bei den Titanen findet er sie.

Da ich ein Knabe war,

Rettet' ein Gott mich oft
Vom Geschrei und der Rute der Menschen,
Da spielt ich sicher und gut
Mit den Blumen des Hains,
Und die Lüftchen des Himmels
Spielten mit mir.

Und wie du das Herz
Der Pflanzen erfreust,
Wenn sie entgegen dir
Die zarten Arme strecken,

So hast du mein Herz erfreut,
Vater Helios! und, wie Endymion,
War ich dein Liebling,
Heilige Luna!

Oh all ihr treuen
Freundlichen Götter!
Daß ihr wüßtet,
Wie euch meine Seele geliebt!

Zwar damals rief ich noch nicht
Euch mit Namen, auch ihr
Nanntet mich nie, wie die Menschen sich nennen
Als kennten sie sich.

Doch kannt ich euch besser,
Als ich je die Menschen gekannt,
Ich verstand die Stille des Aethers,
Der Menschen Worte verstand ich nie.

Mich erzog der Wohllaut
Des säuselnden Hains
Und lieben lernt ich
Unter den Blumen.

Im Arme der Götter wuchs ich groß.

Hölderlin war wohl nie richtig geerdet. Er kommt aus der Welt der Götter – Sonne und Mond sind seine Eltern, keine Menschen.

Was ist das für ein seltsames Spiel? Mit Blumen und den Lüftchen des Himmels? Ist es die Welt eines Autisten? Die Welt eines Hypersensiblen, der mit der Alltagswelt nicht klar kommt und es am Ende auch gar nicht will? Auf jeden Fall versteht er die Stille des Äthers (vergleiche sein Gedicht: An den Äther), die Dimension des Geistigen, des Feinfühligen, der feinstofflichen Kräfte, die man hier auf gar keinen Fall christlich deuten darf, denn dann würde man Hölderlin zurückstoßen in die Welt der Unterdrückung und der Knechtschaft.

Welcher Gott hat ihn gerettet? Der Äther? Oder meint er vielleicht den eigenen Genius, den Gott seiner dichterischen Bestimmung?

So kryptisch manche seiner Gedichte sein mögen, so wenig zugänglich, so klar und deutlich zeigt er in diesem Gedicht seine Situation auf. Wenn man ihn pathologisieren will, dann kann man Schizophrenie diagnostizieren. Hat man Verständnis für Hölderlin, will man die Banausengesellschaft kritisieren, dann kann man davon sprechen, dass er in einer völlig anderen Welt lebt, einer Welt der Naturgötter.

Zusammenfassung:

1. Natur kann vollendet sein, aber auch das krasse Gegenteil.

2. Hölderlin beschwört die elementare Urkraft des Flusses und der seelischen Autonomie des Menschen. Dem konkreten Rhein widmet er sich jedoch viel zu wenig.

3. Das ozeanische Einheitsgefühl mit der Natur findet sich oft nur in der Kindheit. Für den am Leben leidenden Menschen liegt das Paradies in der Vergangenheit.

4. Zu wenig konkrete, reale Heimatverbundenheit, zu viel Sehnsucht in ferne Traumwelten (Griechenland).

5. Hölderlin, so sehr er es wohl angestrebt haben mag, gelingt es leider nicht, seine konkrete Heimat wirklich zu erfassen und zu feiern.

6. Große Bäume, wie die Eichen auf den Bergen, vermitteln eine freie Spiritualität der Natur.

7. Wer die Natur liebt, der ist mit ihren „Göttern" verbunden.

Exkurs: Worum geht es den Dichtern?

Geht es den Dichtern wirklich um die Natur, oder doch mehr um ihre psychischen Probleme mit der Gesellschaft oder mit sich selbst?

Eine wichtige Frage, wie ich finde, die man ernsthaft verfolgen sollte. Die Natur ist das Andere, das Gegenüber, mehr oder weniger vom Menschen und seiner Welt getrennt.

Dem modernen Menschen, der an Gewinnen und Funktionalität interessiert ist, geht es nicht um die Natur. Er will sie für seine Bedürfnisse und Zwecke benutzen und ausnutzen, umgestalten und ausbeuten. Romantische Dichter wie Hölderlin wollten zwar die Natur feiern, waren aber doch zu sehr mit sich und ihren Problemen beschäftigt.

Viele Menschen sind ganz auf ihre kleine Welt, ihre Menschenwelt fixiert. Wenn sie mit dem Leben nicht klar kommen, dann können sie sich eigentlich gar nicht der Natur widmen, sondern eben den Sorgen, von denen sie beherrscht werden. Die schöne Natur mag dann nur ästhetische Kulisse oder harmonisierender Ausgleich sein, aber hauptsächlich geht es um die vielen Sorgen, Geldsorgen, Beziehungsprobleme, Berufsprobleme und vieles mehr.

Aber die Natur bietet immer einen Ausweg, einen Weg der seelischen Heilung, ein Gegenmodell.

3. Naturverehrung in Eichendorffs Lyrik

Eichendorff gilt vielen als der deutsche Romantiker schlechthin. Der Mond und die Nacht, die Wälder und die Felder, die Sehnsucht und die Träume, das waren typische Motive der Romantik.

Mondnacht

Es war, als hätt´ der Himmel
Die Erde still geküßt,
Daß sie im Blüten-Schimmer
Von ihm nun träumen müßt'.

Die Luft ging durch die Felder,
Die Ähren wogten sacht,
Es rauschten leis die Wälder,
So sternklar war die Nacht.

Und meine Seele spannte
Weit ihre Flügel aus.
Flog durch die stillen Lande,
Als flöge sie nach Haus.

Man kann sich die Situation, wie sie in diesem kurzen und sehr bekannten Gedicht von Eichendorff dargestellt wird, leicht vorstellen. Es fragt sich allerdings, wer heute einmal nachts zwischen Feldern und Wäldern steht oder wandert. Man sollte es vielleicht einmal tun, am besten in einer milden Sommernacht. Am besten sicher auch in einer Gegend, in der man nicht vom Licht und Lärm der Autos, von blinkenden Windrädern oder anderem gestört wird. Da wird es schon schwierig. Und dann denken wir sofort: Das gibt es alles nicht mehr, das ist lange, lange vergangen, unwiederbringlich, für immer.

Darf man heute solche Gefühle haben? Auch diese Frage können wir kaum spontan mit einem *Ja* beantworten. Oder anders: wollen wir überhaupt solche Gefühl erfahren? Ist das unser Wunsch? Der Leser kann sie für sich beantworten, oder einfach stehen lassen.

Was ist das für ein besonderes Einheitsgefühl, das Eichendorff hier beschreibt? Was ist das für eine spirituelle Verbundenheit? Wohin möchte seine Seele fliegen, womit möchte sie sich verbinden? Welches Weltbild haben wir selbst? Welche Rolle spielen in unserem Weltbild Himmel, Erde, Felder, Wälder, die Nacht, das Land, die Seele und das Zuhause? Ich denke, dass wir heute diese Fragen für uns beantworten müssen. Es geht doch nicht darum, wie bei typischen Deutschlehrern, nur zu beweisen, was Eichendorff genau meinte, sondern darum, was es uns heutigen Menschen zu sagen hat. Welche Botschaft erreicht uns heute? Das ist die entscheidende Frage, denn wenn die Nacht und der Mond keinen Stellenwert in unserem Weltbild haben, dann wird uns das Gedicht nichts sagen, dann können wir es getrost im kulturhistorischen Archiv lassen.

Was ist das für eine Empfindungswelt, in der das Gedicht spielt? Was ist das für ein Seelenkonzept?

Wir müssen uns Fragen stellen, die Antworten in uns suchen und finden. Viel zu schnell meinen wir, ein einfaches Gedicht verstanden zu haben und packen es in eine Schublade. Viel zu schnell haken wir es ab. Kommen immer mit der Ausrede, wir würden in einer „schnelllebigen Zeit" leben. Ja, tun wir das? Ich nicht. Meine Uhr geht anders. Man muss sich nicht der modernen Diktatur unterwerfen. Ich habe viel Zeit, meine Tage sind kleine Ewigkeiten.

Und wie macht man das?, fragt der Skeptiker, und will eigentlich gar keine Antwort hören und auch nichts ändern. Lassen wir ihn!

Morgenlied

Kein Stimmlein noch schallt von allen
In frühester Morgenstund,
Wie still ist's noch in den Hallen
Durch den weiten Waldesgrund.

Ich stehe hoch überm Tale
Stille vor großer Lust,
Und schau nach dem ersten Strahle,
Kühl schauernd in tiefster Brust.

Wie sieht da zu dieser Stunde
So anders das Land herauf,
Nichts hör ich da in der Runde
Als von fern der Ströme Lauf.

Und ehe sich alle erhoben
Des Tages Freuden und Weh,
Will ich, Herr Gott, dich loben
Hier einsam in stiller Höh. -

Nun rauschen schon stärker die Wälder,
Morgenlicht funkelt herauf,
Die Lerche singt über den Feldern,
Schöne Erde, nun wache auf!

Neben vielen Gedichten zur Nacht gibt es auch viele zum Morgen. Für den spirituellen Menschen sind das besondere Zeiten des Tages, die Nacht und der Morgen, die Abenddämmerung und die aufgehende Sonne.

Eichendorff war ein christlicher Dichter, somit nimmt er auch direkten Bezug auf Gott, auf den Herrn oder auf Maria. Ob er mehr von einem außerweltlichen Gott oder einem in der Welt anwesenden ausgeht, lassen wir einmal dahingestellt sein. Auf jeden Fall ist es so, dass ihn die frühe Morgenstunde inspiriert, seine Seele erfüllt. Die neue Sonne des Tages zu begrüßen, wer macht das in heutiger Zeit? Wer nimmt sich Zeit für ein Gebet auf einer Bergeshöhe oder gar für ein Ritual? Wer kennt die Stille am frühen Morgen, das langsam heraufkommende Licht? Wer ist davon innerlich erfüllt?

Viele verschlafen diese Zeit. Wer arbeitet, der ist meist im Stress, hat seine Termine und keine Muße, die Sonne auf einem Berg zu begrüßen.

Morgengebet

O wunderbares, tiefes Schweigen,
Wie einsam ist's noch auf der Welt!
Die Wälder nur sich leise neigen,
Als ging' der Herr durchs stille Feld.

Ich fühl mich recht wie neu geschaffen,
Wo ist die Sorge nun und Not?
Was mich noch gestern wollt erschlaffen,
Ich schäm mich des im Morgenrot.

Die Welt mit ihrem Gram und Glücke
Will ich, ein Pilger, frohbereit
Betreten nur wie eine Brücke
Zu dir, Herr, übern Strom der Zeit.

Und buhlt mein Lied, auf Weltgunst lauernd,
Um schnöden Sold der Eitelkeit:
Zerschlag mein Saitenspiel, und schauernd
Schweig ich vor dir in Ewigkeit.

Das lyrische Ich, das wir, denke ich, schon mit Eichendorff gleichsetzen können, sieht sich hier als Pilger ins *Reich Gottes*. Wenn wir es nicht christlich, sondern allgemein spirituell deuten wollen, dann geht er davon aus, dass in der Welt ein göttlicher Geist waltet, zu dem er unterwegs ist. Er möchte die Welt loben, vor allem die Wälder und das Morgenrot. Wälder sind Heimat, das Morgenrot vielleicht ein spirituelles Versprechen auf eine jenseitige, vom Leiden befreite Welt. Der nur diesseitigen Welt und ihrem Lob will er sich nicht widmen, auch nicht dem Geld, der Bezahlung. Er betet darum, dass dies immer so bleiben möge, andernfalls wolle er schweigen.

Eitelkeit und Ewigkeit, zwei zentrale Begriffe in der letzten Strophe, die sich gegenüberstehen. Sie bilden die Pole. In der Welt ist alles eitel, beherrscht von Ehrgeiz und Erfolg. Die Ewigkeit ist hingegen die ganz andere Dimension, die der Dichter erreichen möchte.

Auf meines Kindes Tod (7)

Die Welt treibt fort ihr Wesen,
Die Leute kommen und gehn,
Als wärst du nie gewesen,
Als wäre nichts geschehn.

Wie sehn ich mich aufs neue
Hinaus in Wald und Flur!
Ob ich mich gräm, mich freue,
Du bleibst mir treu, Natur.

Da klagt vor tiefem Sehnen
Schluchzend die Nachtigall,
Es schimmern rings von Tränen
Die Blumen überall.

Und über alle Gipfel
Und Blütentäler zieht
Durch stillen Waldes Wipfel
Ein heimlich Klagelied.

Da spür ich's recht im Herzen,
Daß du's, Herr, draußen bist -
Du weißt's, wie mir von Schmerzen
Mein Herz zerrissen ist!

Auch der Tod kommt bei Eichendorff vor, der Tod von nahen Angehörigen. Neben den Kapiteln „Wanderlieder" und „Sängerleben" gibt es in meiner Werkausgabe ein Kapitel „Totenopfer". „Auf den Tod meines Kindes" besteht insgesamt aus zehn Gedichten.

Der leidenden und der klagenden Seele bietet die Natur den Trost und die ewige Treue. Sie spiegelt ihm allerdings auch sein Leid wider. Die Nachtigall und die Blumen weinen, genau wie der Dichter. Mit dem „heimlichen Lied" ist vielleicht die immer gestellte Frage gemeint, *warum, warum mein Kind, warum dieses Kind, warum?*

Gott, der universelle Tröster der leidenden Seele, ist überall, im Herzen und draußen in der schönen, heilen Natur. Er weiß um das Leid, und einfaches Wissen scheint bei dem Tod des eigenen Kindes vielleicht schon viel zu sein.

Gerade an einem Gedicht, bzw. Gedichtzyklus, wie diesem kann man sehen, dass es in der ROMANTIK nicht immer nur um die schöne und erfreuliche Seite des Daseins geht. Die Alltagsbedeutung unterscheidet sich von der Bedeutung für die Literaturströmung.

In der Erzählung DAS MARMORBILD geht es um zwei unterschiedlichen Frauenfiguren, um Venus und Maria, um die alte Göttin der Natur und um die christliche Maria. Man kann das zugunsten der letzteren deuten. Die Venus steht dann für Verlockung und Verirrung, wohingegen Maria, wie auch die reale Person Bianka, für Reinheit und Klarheit steht. Ferne und Nähe zu Gott stehen sich dann gegenüber.

Man kann es jedoch auch anders deuten, dass nämlich zum ganzen Bild, und damit zur Wahrheit, beide Seiten des Lebens gehören. Also nicht nur die christliche Seite, sondern auch die heidnische. Ob Eichendorff das so gewollt hat, muss uns nicht interessieren, denn es kommt darauf an, was uns heute diese Erzählung zu sagen hat. Wäre Eichendorff ein Vertreter des Heidentums gewesen, dann hätte er der Venus die zentrale Rolle zugewiesen. Sie jetzt aber nur als vergangenes, überwundenes Frauenbild zu deuten, halte ich für einseitig theologisch interpretiert.

Dichter haben oft zwei Seiten, sind oft geprägt von Gegensätzlichkeiten. Dichter sind nun mal keine Pfarrer! Ohne die dunkle, verwirrende oder irritierende Seite des Lebens kann man keine Dichtung schaffen.

Frau Venus, du frohe,
So klingend und weich,
In Morgenrots Lohe
Erblick ich dein Reich

Auf sonnigen Hügeln
Wie ein Zauberring. –
Zart Bübchen mit Flügeln
Bedienen dich flink,

Durchsäuseln die Räume
Und laden, was fein,
Als goldene Träume
Zur Königin ein.

Und Ritter und Frauen
Im grünen Revier
Durchschwärmen die Auen
Wie Blumen zur Zier.

Und jeglicher hegt sich
Sein Liebchen im Arm,
So wirrt und bewegt sich
Der selige Schwarm.

Das Reich der Venus ist das Reich der Elfen und der Naturgeister. Alles ist belebt, alles ist von einer alles verbindenden Schönheit erfüllt. Reinheit und Klarheit findet man hingegen im Himmel, im Jenseits. Der Dichter liebt und besingt beides. Schon allein wegen des Kontrastes. Das heißt aber eben nicht, dass die eine Seite falsch und die andere Seite wahr sei. Zur ganzheitlichen Wahrheit gehören alle Teile, alle Seiten, alle Aspekte, alle Formen und Farben.

Was weckst du, Frühling, mich von neuem wieder?
Daß all die alten Wünsche auferstehen,
Geht übers Land ein wunderbares Wehen;
Das schauert mir so lieblich durch die Glieder.

Die schöne Mutter grüßen tausend Lieder,
Die, wieder jung, im Brautkranz süß zu sehen;
Der Wald will sprechen, rauschend Ströme gehen,
Najaden tauchen singend auf und nieder.

Die Rose seh ich gehn aus grüner Klause,
Und, wie so buhlerisch die Lüfte fächeln,
Errötend in die laue Luft sich dehnen.

So mich auch ruft ihr aus dem stillen Hause –
Und schmerzlich nun muß ich im Frühling lächeln,
Versinkend zwischen Duft und Klang vor Sehnen.

Florio, der junge Dichter, hört das Lied der Venus, das Lied der Natur. Die schöne Mutter ist Mutter Natur, Mutter Erde. Najaden sind Geister der Natur. Das intensive Erlebnis hat auch eine erotische Note. *Das schauert mir so lieblich durch die Glieder.* Auch wenn es Florio am Ende nicht gelingt, sich mit der Göttin der Natur zu verbinden, so hat er doch deren Anziehung gespürt.

Hätte diese Seite des Lebens am Ende den Sieg davongetragen, dann wäre Eichendorff wohl als heidnischer Dichter kritisiert worden. Vielleicht ist es nur Tarnung. Entscheidend bleibt die Botschaft, die uns erreicht, ob wir die eine oder andere Seite favorisieren, oder ob wir das ganze Leben annehmen, also eben beide Frauenfiguren, Venus und Maria.

Zusammenfassung:

1. Die äußere Welt kann man als innere Seelenwelt erfahren. Äußere Welt und innere Welt bilden eine Einheit.

2. Die ganze Natur ist spirituelle Schönheit. Sie spiegelt das „Reich Gottes" wider.

3. Die frühe Morgenstunde kann inspirierend wirken und zum Dankgebet für die schöne Welt motivieren.

4. Das Göttliche in der Natur erfahren und es lobpreisen.

5. Die Natur kann bei starkem Seelenleid Trost spenden, denn Gott ist in ihr anwesend.

6. Das Reich der Natur ist das Reich der alten Göttin Venus. Maria weist hingegen auf ein jenseitiges Reich hin.

5. Naturverehrung in Rilkes Lyrik

Natur ist glücklich. Doch in uns begegnen
sich zuviel Kräfte, die sich wirr bestreiten:
wer hat ein Frühjahr innen zu bereiten?
Wer weiß zu scheinen? Wer vermag zu regnen?

Wem geht ein Wind durchs Herz, unwidersprechlich?
Wer faßt in sich der Vogelflüge Raum?
Wer ist zugleich so biegsam und gebrechlich
wie jeder Zweig an einem jeden Baum?

Wer stürzt wie Wasser über seine Neigung
ins unbekannte Glück so rein, so reg?
Und wer nimmt still und ohne Stolz die Steigung
und hält sich oben wie ein Wiesenweg?

Der Mensch möchte, wenn er die Natur schätzt und verehrt, sein wie sie, er möchte nicht anders sein, er möchte sich nicht von ihr unterscheiden. Rilke stellt in diesem Gedicht typische Fragen. Am Anfang bringt er seine These. Könnten wir das vom Menschen sagen? Offensichtlich nicht, denn er ist ein Wesen voller Antagonismen, im eigenen Geist und in der Gesellschaft sowieso.

Alles streitet sich, permanent und hält das für naturgegeben oder sogar für große Kultur, anstatt es als eine Krankheit zu begreifen, was sie nämlich in Wahrheit ist. Das ewige Streiten ist die Krankheit des Menschen.

Die Natur bietet uns schöne Vorbilder, die wir in uns realisieren könnten. Jede von Rilkes Fragen bietet indirekt einen Vorschlag. Habe in dir einen weiten, unendlichen Raum wie die Zugvögel am Himmel! Schaffe dir in der Meditation diesen Raum! Nimm dir die Beispiele der Natur und realisiere sie. Ich verstehe das Gedicht jedenfalls nicht so, dass wir beim Klagen über die Defizite stehen bleiben sollten, nein, wir sollten etwas tun.

Dich wundert nicht des Sturmes Wucht, –
du hast ihn wachsen sehn; –
die Bäume flüchten. Ihre Flucht
schafft reitende Alleen.
Da weißt du, der, vor dem sie fliehn,
ist der, zu dem du gehst,
und deine Sinne singen ihn,
wenn du am Fenster stehst.

Des Sommers Wochen standen still,
es stieg der Bäume Blut;
jetzt fühlst du, daß es fallen will
in den, der alles tut.
Du glaubtest schon erkannt die Kraft,
als du die Frucht erfaßt,
jetzt wird sie wieder rätselhaft,
und du bist wieder Gast.

Der Sommer war so wie dein Haus,
drin weißt du alles stehn –
jetzt mußt du in dein Herz hinaus
wie in die Ebene gehn.
Die große Einsamkeit beginnt,
die Tage werden taub,
aus deinen Sinnen nimmt der Wind
die Welt wie welkes Laub.

Durch ihre leeren Zweige sieht
der Himmel, den du hast;
sei Erde jetzt und Abendlied
und Land, darauf er paßt.
Demütig sei jetzt wie ein Ding,
zu Wirklichkeit gereift, –
daß Der, von dem die Kunde ging,
dich fühlt, wenn er dich greift.

Dieses naturmystische Gedicht von Rilke steht am Anfang des Buches von der Pilgerschaft. Wer sich mit dem Göttlichen verbinden will, der muss sich auf den Weg machen. Schon Jesus sagte: *Komm' mit und folge mir!* Die Natur bietet Zeichen und Botschaften, die wir mal verstehen und die uns dann doch auch wieder rätselhaft sind.

Der Mensch muss sich öffnen, hinausgehen, sich dem Anderen widmen, sich ihm überlassen, sogar demütig sein, also klein und bescheiden. Diese Bereitschaft muss man haben, denn das Höhere kann einen nur erfassen oder erfüllen, wenn man selbst klein ist oder leer. Wer groß sein will, der wird nur fortgeweht, wie das welke Laub.

Im Schamanismus und im Buddhismus muss man ein leerer Kanal oder Raum sein, damit ein höherer Geist in einem wirken kann. Wer nur erfüllt ist vom Ego und seinen Zielen, der wird dabei stehen bleiben. Im schlimmsten Fall wird er vom Sturm umgeweht werden.

Eines der bekanntesten Gedichte von Rilke ist wohl dieses:

Der Panther

Sein Blick ist vom Vorübergehn der Stäbe
so müd geworden, dass er nichts mehr hält.
Ihm ist, als ob es tausend Stäbe gäbe
und hinter tausend Stäben keine Welt.

Der weiche Gang geschmeidig starker Schritte,
der sich im allerkleinsten Kreise dreht,
ist wie ein Tanz von Kraft um eine Mitte,
in der betäubt ein großer Wille steht.

Nur manchmal schiebt der Vorhang der Pupille
sich lautlos auf -. Dann geht ein Bild hinein,
geht durch der Glieder angespannte Stille -
und hört im Herzen auf zu sein.

Der Panther ist ein typisches Krafttier. Ein südamerikanisches Krafttier. Rilke begegnet diesem in einem Käfig. Ein Frevel des Menschen ohnegleichen, solche Tiere der Kraft und Energie in einen kleinen Käfig einzusperren. Kraft und Wille wollen eigentlich befreit werden, aber es gibt am Ende keinen Weg der Befreiung. Dennoch ist das die Bestimmung, die Kraft, die eigene Seelenkraft zu befreien!

Wenn wir ein Tier betrachten, dann spiegelt es oft unseren eigenen Zustand wider. Es zeigt uns, wie wir selbst sind, wie unser Dasein aussieht. Der Mensch hat sich zum Gefangenen seiner Kultur, seiner Wissenschaft, seiner Wirtschaft, seiner Technik, seiner Ideologien, seiner Religionen gemacht. Sein Wille ist betäubt. Sein Mut und seine Zuversicht sind es auch. Ein Bild oder eine Botschaft kann uns erreichen, aber sie muss uns inspirieren, das Herz entflammen, und dann müssen wir handeln, aktiv werden.

Alles muss und will sich entfalten, in der Natur wie im Menschen, in der Außenwelt wie in der Innenwelt. Das ist der Sinn der göttlichen Schöpferkraft, die in allem ist, sich zu entfalten, sich immer wieder neu zu gestalten, von den Wurzeln des Daseins bis zu den Wipfeln der Erleuchtung.

> Ich finde dich in allen diesen Dingen,
> denen ich gut und wie ein Bruder bin;
> als Samen sonnst du dich in den geringen
> und in den großen giebst du groß dich hin.
>
> Das ist das wundersame Spiel der Kräfte,
> dass sie so dienend durch die Dinge gehn:
> in Wurzeln wachsend, schwindend in die Schäfte
> und in den Wipfeln wie ein Auferstehn.

Die Kraft der Erde kann und muss sich in allen Dingen, in allen Lebewesen entfalten. Man kann das bei den Pflanzen studieren und dann auf das eigene Sein übertragen. Wenn keine Lebenskraft mehr fließt, dann ist man erstarrt oder sogar schon innerlich tot. Ist man gestorben, dann geht es weiter mit den Prozessen von Zersetzung durch Pilze und Mikroben. Aber Rilke hat hier nur die aufsteigende Lebenskraft im Blick. Nur als Entfalteter oder sogar als Erleuchteter ist der Mensch erst wirklich ein echter Mensch und kein Gefangener von Zwängen mehr.

Ich lebe mein Leben in wachsenden Ringen,
die sich über die Dinge ziehn.
Ich werde den letzten vielleicht nicht vollbringen,
aber versuchen will ich ihn.

Ich kreise um Gott, um den uralten Turm,
und ich kreise jahrtausendelang;
und ich weiß noch nicht: bin ich ein Falke, ein Sturm
oder ein großer Gesang.

Auch hier geht es um die seelische Entfaltung. Das Ich, das Individuum muss ein Sein zur Vollendung bringen, um etwas Besonderes zu sein, das universelle Bedeutung besitzt, die deutlich über das kleine Ich hinaus geht.

Mein Leben ist wie leise See:
Wohnt in den Uferhäusern das Weh,
wagt sich nicht aus den Höfen.
Nur manchmal zittert ein Nahn und Fliehn:
aufgestörte Wünsche ziehn
darüber wie silberne Möven.

Und dann ist alles wieder still. . .
Und weißt du was mein Leben will,
hast du es schon verstanden?
Wie eine Welle im Morgenmeer
will es, rauschend und muschelschwer,
an deiner Seele landen.

Einmal, am Rande des Hains,
stehn wir einsam beisammen
und sind festlich, wie Flammen
fühlen: *Alles ist Eins.*

Halten uns fest umfaßt;
werden im lauschenden Lande
durch die weichen Gewande
wachsen wie Ast an Ast.

Wiegt ein erwachender Hauch
die Dolden des Oleanders:
sieh, wir sind nicht mehr anders,
und wir wiegen uns auch.

Meine Seele spürt,
daß wir am Tore tasten.
Und sie fragt dich im Rasten:
Hast Du mich hergeführt?

Und du lächelst darauf
so herrlich und heiter
und: bald wandern wir weiter:
Tore gehn auf...

Und wir sind nicht mehr zag,
unser Weg wird kein Weh sein,
wird eine lange Allee sein
aus dem vergangenen Tag.

Es geht immer um Mystik, sei es nun die Mystik, die man in der Natur und mit einem Partner erleben kann oder um die Mystik mit dem Universellen, Göttlichen. Entgrenzung und Vereinigung mit, zu etwas Größeren kann in verschiedenen Bereichen erfahren werden. Am Meer, am Rand eines Hains, am Gartentor oder im Garten, es ist überall möglich, das ozeanische Gefühl zu erleben. Nötig ist nur die Bereitschaft zur völligen Offenheit und Hingabe.

Zusammenfassung:

1. Schau dir in der Natur an, was du gerne sein möchtest. Nimm es als anzustrebendes Ziel und realisiere es.

2. Überwinde die inneren Hindernisse.

3. Sei wie ein Pilger durch die Natur und das Leben zu einer höheren Dimension.

4. Das innere Krafttier will und muss befreit werden.

5. Die Kraft der Erde muss sich in allem entfalten.

6. Werde ein Falke, ein Sturm oder ein Gesang; bringe etwas Großes zur Entfaltung.

7. Mystik kann in verschiedenen Bereichen erfahren werden.

6. Naturverehrung bei verschiedenen Dichtern

Natur spielt bei vielen, vielen Dichtern eine Rolle. So auch die Verehrung der Natur, der Erde, der Heimat, der Schönheit etc. Ich kann hier nur ein paar besondere Gedichte von verschiedenen Autoren behandeln, die mir gefallen und in denen ich einen besonderen Sinn für unsere Zeit sehe.

Meeresstrand

Ans Haff nun fliegt die Möwe,
Und Dämmerung bricht herein;
Über die feuchten Watten
Spiegelt der Abendschein.

Graues Geflügel huschet
Neben dem Wasser her;
Wie Träume liegen die Inseln
Im Nebel auf dem Meer.

Ich höre des gärenden Schlammes
Geheimnisvollen Ton,
Einsames Vogelrufen –
So war es immer schon.

Noch einmal schauert leise
Und schweigt dann der Wind;
Vernehmlich werden die Stimmen,
Die über der Tiefe sind.

Dieses Gedicht von Theodor Storm (1817 – 1888) versteht sicher jeder, wenn er von der Küste kommt, so wie ich, denn er kennt solch eine Situation, solch eine Stimmung. Anderen mag das merkwürdig vorkommen, seltsam „mystisch", dunkel oder sogar depressiv. Was sind das für

Träume, für ein Ton und für eigenartige Stimmen? Was sagt die Natur, was ist ihre Botschaft? Es geht ja nicht nur um eine Stimmung, um die sicher auch, sondern eben um die seelische Verbundenheit mit der geliebten Heimat am Meer. Alles ist hier irgendwie ewig und die Vergangenheit der Vorfahren längst nicht vorbei. Die Stimmen der Ahnen kann man hören. Gerade in der heutigen Zeit gilt es, in meinen Augen, Heimat ganz neu und anders zu entdecken, das Verlorene auszugraben, denn wir sind niemals überall in der Welt zuhause, sondern nur dort, wo unsere Wurzeln sind.

Der Lindenbaum

Am Brunnen vor dem Tore
Da steht ein Lindenbaum;
Ich träumt in seinem Schatten
So manchen süßen Traum.

Ich schnitt in seine Rinde
So manches liebe Wort;
Es zog in Freud' und Leide
Zu ihm mich immer fort.

Ich mußt' auch heute wandern
Vorbei in tiefer Nacht,
Da hab' ich noch im Dunkel
Die Augen zugemacht.

Und seine Zweige rauschten,
Als riefen sie mir zu:
Komm her zu mir, Geselle,
Hier find'st du deine Ruh'!

Die kalten Winde bliesen
Mir grad ins Angesicht;

Der Hut flog mir vom Kopfe,
Ich wendete mich nicht.

Nun bin ich manche Stunde
Entfernt von jenem Ort,
Und immer hör' ich's rauschen:
Du fändest Ruhe dort!

Dieses Gedicht von Wilhelm Müller (1794 – 1827) vermittelt uns eine ganz besondere Beziehung zu einem Baum, einer Linde. Auf seiner Wanderung zieht es ihn zurück zu dem Baum, seinem Baum, der mit seinen Gefühlen in Verbindung steht. Er hört den Baum sogar rufen! Der Baum ruft ihn zurück und verspricht ihm Ruhe, seelische Ruhe in einer vielleicht ruhelosen Welt.

Der Baum ist ein Ort der Stabilität, der Festigkeit, der Verwurzelung. Wer einen großen Heimatbaum hat, kann sich glücklich schätzen. Zu viel ist abgeholzt worden, zu viel ist zerstört worden, zu viel wird immer noch weiter und weiter zerstört. Eine wirkliche Umkehr sehe ich nicht.

Zur Heimat, denke ich, gehört auch ein heimatlicher Baum. Oder ein Wald oder ein Hain. Der Leser kann sich selbst fragen, ob er so einen Baum oder kleinen Wald hat oder halt nicht. Wer ruhelos und heimatlos durch die Welt jagt und irrt, der wird sicher kaum einen haben. Vielleicht ruft ihn sogar ein Baum, aber ob er ihn im großen Lärm hört?

Das folgende Gedicht ist von Eduard Mörike (1804 – 1875)

Auf eine Christblume

I

Tochter des Waldes, du Lilienverwandte,
So lang von mir gesuchte, unbekannte,
Im fremden Kirchhof, öd und winterlich,
Zum erstenmal, o schöne, find ich dich!

Von welcher Hand gepflegt du hier erblühtest,
Ich weiß es nicht, noch wessen Grab du hütest;
Ist es ein Jüngling, so geschah ihm Heil,
Ist's eine Jungfrau, lieblich fiel ihr Teil.

Im nächtgen Hain, von Schneelicht überbreitet,
Wo fromm das Reh an dir vorüberweidet,
Bei der Kapelle, am kristallnen Teich,
Dort sucht ich deiner Heimat Zauberreich.

Schön bist du, Kind des Mondes, nicht der Sonne;
Dir wäre tödlich andrer Blumen Wonne,
Dich nährt, den keuschen Leib voll Reif und Duft,
Himmlischer Kälte balsamsüße Luft.

In deines Busens goldner Fülle gründet
Ein Wohlgeruch, der sich nur kaum verkündet;
So duftete, berührt von Engelshand,
Der benedeiten Mutter Brautgewand.

Dich würden, mahnend an das heilge Leiden,
Fünf Purpurtropfen schön und einzig kleiden:
Doch kindlich zierst du, um die Weihnachtszeit,
Lichtgrün mit einem Hauch dein weißes Kleid.

Der Elfe, der in mitternächtger Stunde
Zum Tanze geht im lichterhellen Grunde,

Vor deiner mystischen Glorie steht er scheu
Neugierig still von fern und huscht vorbei.

II

Im Winterboden schläft, ein Blumenkeim,
Der Schmetterling, der einst um Busch und Hügel
In Frühlingsnächten wiegt den samtnen Flügel;
Nie soll er kosten deinen Honigseim.

Wer aber weiß, ob nicht sein zarter Geist,
Wenn jede Zier des Sommers hingesunken,
Dereinst, von deinem leisen Dufte trunken,
Mir unsichtbar, dich blühende umkreist?

Mörike feiert in diesem Gedicht eine besondere Blume, in der er spirituellen Wert sieht, die Christblume, heute allgemein Christrose genannt. Er spricht sie sogar direkt da. Ihr Zuhause nennt er „Zauberreich". Er macht sich seine Gedanken über diese bemerkenswerte Blume, die mitten im Winter blüht, was ja auch in der Tat ungewöhnlich ist.

Ihr Duft ist sehr zart und er vergleicht ihn mit Maria, der Mutter Gottes. Naturreligiöses und Christliches kommen in diesem Gedicht zusammen, Engel und Elfe werden genannt. Auch der Naturgeist bewundert diese Blume, nicht nur das sprechende lyrische Ich.

Im zweiten Teil des Gedichts ist von einem Schmetterling die Rede, der diese Blume des Winters niemals besuchen wird. Aber Mörike spekuliert, ob es nicht vielleicht sein Geist sei. Das ist schon ungewöhnlich, der zarte Geist eines Schmetterlings.

Wir haben in diesem Gedicht eine zarte, einfühlsame Wertschätzung der Natur. Sie bedeutet für ihn ein mystisches Bild (mystische Glorie), d.h. göttlicher Geist und schöne Natur bilden hier eine Synthese.

Während der Zeit der Atombombenversuche in der Atmsophäre, während der Zeit des kalten Krieges, als ein Atomkrieg drohte, also der Overkill, die totale Vernichtung der Erde, schrieb Hans Magnus Enzensberger (* 1929) das folgende Gedicht:

das ende der eulen

ich spreche von euerm nicht,
ich spreche vom ende der eulen,
ich spreche von butt und wal,
in ihrem dunkeln haus.
Dem siebenfältigen meer,
von den gletschern,
sie werden kalben zu früh,
rab und taube, gefiederten zeugen
von allem was lebt in den lüften
und wäldern, und den flechten im kies
vom weglosen selbst, und vom grauen moor
und leeren gebirgen.

auf radarschirmen leuchtend
zum letzten mal, ausgewertet
auf meldetischen, von antennen
tödlich befingert floridas sümpfe
und das sibirische eis, tier
und schilf und schiefer erwürgt
von warnketten, umzingelt
vom letzten manöver, arglos
unter schwebenden feuerglocken,
im ticken des ernstfalls.

wir sind schon vergessen,
sorgt euch nicht um die waisen,
aus dem sinn schlagt euch
die mündelsichern gefühle.
den ruhm, die rostfreien psalmen.

ich spreche nicht mehr von euch,
planern der spurlosen tat,
und von mir nicht, und keinem.
ich spreche von dem was nicht spricht,
von den sprachlosen zeugen,
von ottern und robben,
von den alten eulen der erde.

Damals, um 1960 herum, drohte der atomare Overkill und die Vernichtung der natürlichen Welt. Die apokalyptische Bedrohung ist immer noch nicht vorbei, im Gegenteil, wir haben sie nur verdrängt. Sie lauert in den Raketensilos, in den USA und in Russland. Hinzu gekommen ist eine weitere Bedrohung durch ein ökologisches Desaster, und zwar weltweit.

Enzensberger gibt hier der wilden Natur eine Stimme. Die Natur kann alles nur ertragen, was der Mensch, auf der Erde anrichtet. Ich muss heute sagen, dass ich für diesen viel zu aggressiv-destruktiven Menschen keinerlei Verständnis mehr habe. Schon seit zehn Jahren sage ich, dass er verschwinden kann. Er lernt nichts, er will nichts lernen, er ändert nichts, er will nichts ändern. Er ist nur eine Krankheit der Erde.

Es ist positiv, der leidenden Natur eine Stimme zu geben. Ich tue das seit vielen Jahren, aber es interessiert kaum einen, und die Füchse und Bussarde können nicht lesen, und all die aussterbenden Tiere und Pflanzen auch nicht.

Exkurs: Gesang oder Gedicht?

Am Anfang war das Lied, Lyra, die Leier, und die Gattung heißt ja Lyrik. Man hat die Natur und die Götter besungen, beschworen. Sprechen reicht nicht, man muss es singen. Wer etwas besingen will, der benötigt den entsprechenden Text mit Metrum und Rhythmus und auch die Musik dazu. Im letzten Jahrhundert gab es dann das Prosagedicht, das sich vielleicht am weitesten von Gesangstexten entfernt hat.

Manches nennt sich Gesang, wie Hölderlins „Vaterländische Gesänge", aber man kann es nicht singen, und selbst das laute Vortragen fällt schon schwer. Hat ein Gedicht ein eindeutiges Metrum und ist gereimt, dann kann man es vertonen. So geschehen mit „Der frohe Wandersmann" von Eichendorff.

Freie Metren, freie Rhythmen und unterschiedlich lange Verse verlangen eine besondere Vortragskunst. Aber auch das einfache, gereimte Gedicht, das aus vierzeiligen Strophen besteht. Man darf es weder herunterleiern noch zu schnell vortragen. Schnelligkeit und Lyrik passen nicht zusammen, denn Lyrik will beim besonderen Wort verweilen, beim Bild, bei der Metapher, beim Symbol.

Viele moderne Gedichte sind genau genommen keine. Es ist nur Prosa in Versform, mehr nicht. Mancher Song, mancher Schlagertext ist da mehr Gedicht. Vor allem sind diese Text oft viel verständlicher als sehr viele Lyrik. Verständnisschwierigkeiten nehmen einem die Lust auf einen Text. Lyrik sollte kein Rätselraten sein! Und wenn man dann nicht einmal weiß, wie man es eigentlich lesen soll, dann ist es ganz aus.

Menschen haben ja durchaus Lust auf Lyrik. Es gibt unendlich viele Gedichte. Songtexte von bekannten SängerInnen werden oft und gerne mitgesungen.

Der Sommergesang (1653) von Paul Gerhardt (1607 – 1676) ist ein langes Loblied auf die Natur. Vielen ist das heute zu lang, auch in der Kirche wird es nie ganz gesungen. Überhaupt werden viele alte Lieder immer eingekürzt. Auch im Echtermeyer, Deutsche Gedichte, steht es nur gekürzt. Das gefällt natürlich keinem Dichter, wenn man seinen Text einfach einkürzt, weil man keine Geduld hat, sich ihn ganz anzuschauen oder ganz zu singen.

Sommergesang

Geh aus, mein Herz, und suche Freud
in dieser lieben Sommerzeit
an deines Gottes Gaben;
schau an der schönen Gärten Zier
und siehe, wie sie mir und dir
sich ausgeschmücket haben.

Die Bäume stehen voller Laub,
das Erdreich decket seinen Staub
mit einem grünen Kleide;
Narzissus und die Tulipan,
die ziehen sich viel schöner an
als Salomonis Seide.

Die Lerche schwingt sich in die Luft,
das Täublein fliegt aus seiner Kluft
und macht sich in die Wälder;
die hochbegabte Nachtigall
ergötzt und füllt mit ihrem Schall
Berg, Hügel, Tal und Felder.

Die Glucke führt ihr Völklein aus,
der Storch baut und bewohnt sein Haus,
das Schwälblein speist die Jungen,
der schnelle Hirsch, das leichte Reh
ist froh und kommt aus seiner Höh
ins tiefe Gras gesprungen.

Die Bächlein rauschen in dem Sand

und malen sich an ihrem Rand
mit schattenreichen Myrten;
die Wiesen liegen hart dabei
und klingen ganz vom Luftgeschrei
der Schaf und ihrer Hirten.

Die unverdroßne Bienenschar
fliegt hin und her, sucht hier und dar
ihr edle Honigspeise;
des süßen Weinstocks starker Saft
bringt täglich neue Stärk und Kraft
in seinem schwachen Reise.

Der Weizen wächset mit Gewalt;
darüber jauchzet jung und alt
und rühmt die große Güte
des, der so überflüssig labt
und mit so manchem Gut begabt
das menschliche Gemüte.

Ich selber kann und mag nicht ruhn,
des großen Gottes großes Tun
erweckt mir alle Sinnen;
ich singe mit, wenn alles singt,
und lasse, was dem Höchsten klingt,
aus meinem Herzen rinnen.

Ach, denk ich, bist du hier so schön
und läßt du's uns so lieblich gehn
auf dieser armen Erden:
was will doch wohl nach dieser Welt
dort in dem reichen Himmelszelt
und güldnen Schlosse werden!

Welch hohe Lust, welch heller Schein
wird wohl in Christi Garten sein!
Wie muß es da wohl klingen,
da so viel tausend Seraphim
mit unverdroßnem Mund und Stimm
ihr Hallelujah singen!

O wär ich da! O stünd ich schon,
ach süßer Gott, vor deinem Thron
und trüge meine Palmen:
so wollt ich nach der Engel Weis'
erhöhen deines Namens Preis
mit tausend schönen Psalmen.

Doch gleichwohl will ich, weil* ich noch
hier trage dieses Leibes Joch,
auch nicht gar stille schweigen;
mein Herze soll sich fort und fort
an diesem und an allem Ort
zu deinem Lobe neigen.
* *solange*

Hilf mir und segne meinen Geist
mit Segen, der vom Himmel fleußt,
daß ich dir stetig blühe;
gib, daß der Sommer deiner Gnad
in meiner Seele früh und spat
viel Glaubensfrücht erziehe.

<u>Mach in mir deinem Geiste Raum,
daß ich dir werd ein guter Baum,
und laß mich Wurzel treiben;
verleihe daß zu deinem Ruhm
ich deines Gartens schöne Blum
und Pflanze möge bleiben.</u>

Erwähle mich zum Paradeis
und laß mich bis zur letzten Reis'
an Leib und Seele grünen;
so will ich dir und deiner Ehr
allein und sonsten keinem mehr
hier und dort ewig dienen.

(meine Unterstreichungen)

Neben der Natur draußen, die hier besungen wird, ist es auch das geistige Reich, also der Garten Christi, und das eigene Leben, das wie schöne Natur in einem Garten wachsen und gedeihen soll. Noch einmal zum

Einkürzen: wenn man die vierzehnte (vorletzte) Strophe weglässt, dann lässt man eine ganze entscheidende Bitte weg. Äußere schöne Natur und die innere Natur des Geistes sollen sich entsprechen, oder müssen es, wenn Vollendung gelingen soll. Wer also sich nur den Anfang, Lob der äußeren Natur, anschaut, kommt dann zur eigenen Vollendung als Lebensziel nicht mehr. Also, man darf nicht den Weg bei der achten Strophe (ich singe mit, wenn alles singt) einfach abbrechen.

Ein schönes Lied, das die Nordseeküste feiert, ist das folgende „Hoch im Norden" (1972) von Udo Lindenberg.

Hoch im Norden, hinter den Deichen bin ich gebor'n
Immer nur Wasser, ganz viele Fische
Mövengeschrei und Meeresrauschen in meinen Ohr'n!
Und mein Vater war Schipper, der fluchte wenn Sturm war
Dann konnt' er nicht raus auf See
Dann ging er zu Herrn Hansen, der der Chef vom Leuchtturm war
Und der sagte: "Keine Panik auf der Titanic!
Jetzt trinken wir erst mal einen Rum mit Tee!"

Und ich verbrachte meine Tage am Nordseedünenstrand
Bin jahrelang tagtäglich am Deich entlang gerannt
Und meine Mutter brachte jeden Tag und freitags ganz besonders
Muschelzeug und Fisch auf den Tisch!

Ja, es war ja auch ganz schön und das Klima ist gesund
Und doch hab' ich mir gedacht:
"Hier wirst du auf die Dauer, nur Schipper oder Bauer
Hier kommt man ganz allmählich auf den See-Hund!"
Und als ich so um sechzehn war, da hatte ich genug
Da nahm ich den nächstbesten, nach Süden fahrenden Zug!

Nun sitz' ich hier im Süden und so toll ist es hier auch nicht
Und eine viel zu heiße Sonne knallt mir ins Gesicht!

Nein, das Gelbe ist es auch nicht und ich muss so schrecklich schwitzen
Ach wie gern' würde ich mal wieder auf 'ner Nordseedüne sitzen!

Die Frage, ob es sich um höhere Literatur handelt, ist mir völlig egal. Überhaupt hat sich diese Frage schon sehr lange als obsolet erwiesen. Eher ist die Frage angebracht, ob der Text authentisch, überzeugend, verständlich, sinnvoll etc. ist. Es handelt sich hier um echten deutschen Rock! Bemerkenswert finde ich hier auch den Humor. Bei youtube kann man sich das Lied anhören. Man vergleiche den Text mit dem obigen von Theodor Storm.

Hermann Allmers (1821-1902)

Feldeinsamkeit

Ich ruhe still im hohen, grünen Gras
und sende lange meinen Blick nach oben,
von Grillen rings umschwirrt ohn Unterlass,
von Himmelsbläue wundersam umwoben.

Und schöne weiße Wolken ziehn dahin
durchs tiefe Blau, wie schöne stille Träume; -
mir ist, als ob ich längst gestorben bin,
und ziehe selig mit durch ewge Räume.

Eine einfache Situation, die jeder nachvollziehen kann. Man liegt im Sommer auf einer Wiese und schaut in den Himmel. Man ist erfüllt von einem ozeanischen Gefühl der Auflösung in der Natur. Dafür braucht es keine dunklen Metaphern, keine Vergleiche, nichts. Das Gedicht mag einem zu einfach erscheinen. Aber das ist hier nicht wichtig, sondern die Einheitserfahrung in der Natur.

Marie Ebner-Eschenbach (1830-1916)

Sommermorgen

Auf Bergeshöhen schneebedeckt,
Auf grünen Hügeln weitgestreckt
Erglänzt die Morgensonne;
Die tauerfrischten Zweige hebt
Der junge Buchenwald und bebt
Und bebt in Daseinswonne.

Es stürzt in ungestümer Lust
Herab aus dunkler Felsenbrust
Der Gießbach mit Getose,
Und blühend Leben weckt sein Hauch
Im stolzen Baum, im niedren Strauch,
In jedem zarten Moose.

Und drüben wo die Wiese liegt,
Im Blütenschmuck, da schwirrt und fliegt
Der Mücken Schwarm und Immen.
Wie sich's im hohen Grase regt
Und froh geschäftig sich bewegt,
Und summt mit feinen Stimmen.

Es steigt die junge Lerche frei
Empor gleich einem Jubelschrei
Im Wirbel ihrer Lieder.
Im nahen Holz der Kuckuck ruft,
Die Amsel segelt durch die Luft
Auf goldenem Gefieder.

O Welt voll Glanz und Sonnenschein,
O rastlos Werden, holdes Sein,
O höchsten Reichtums Fülle!
Und dennoch, ach - vergänglich nur
Und todgeweiht, und die Natur
Ist Schmerz in Schönheitshülle.

Marie Ebner-Eschenbach besingt die ganze Fülle und Wonne der Natur. Im Laufe des Gedichts steigert sich ihr positives Gefühl für die sie umgebende Landschaft und das Leben in dieser. Den Höhepunkt der Daseinsfeier erreicht sie in der letzten Strophe, siehe den von mir unterstrichenen Teil. Aber dann kippt die Stimmung abrupt. Der Leser ist überrascht und fragt nach dem Grund. Sicher, alles ist vergänglich, aber muss man jetzt daran denken? Verdirbt man damit nicht alles?

Man sieht hier, wie man durch einen dummen, unpassenden Gedanken ein intensives Naturerlebnis zerstören kann. So mancher meint heutzutage, man könne keine heile Welt mehr erfahren. Tatsache ist aber, dass viele sich dem nicht richtig hingeben können und nichts dafür tun, dass die Welt eine heile wird. Nein, sie klagen und jammern herum. Man könnte die Strophe anders enden lassen. Hier ein Vorschlag:

Vergänglichkeit ist Wandel nur,
und oft verändert sich Natur
in heil'ger Schönheitshülle.

Alles in der Natur ist Wandel, Veränderung, Metamorphose, und am Ende ist auch der Zerfall schön und sinnvoll. Man kann es positiv sehen, man sollte es auch, denke ich.

Julikinder

Wir Kinder im Juli geboren
Lieben den Duft des weißen Jasmin,
Wir wandern an blühenden Gärten hin,
Still und in schwere Träume verloren.

Unser Bruder ist der scharlachene Mohn,
Der brennt in flackernden roten Schauern
Im Ährenfeld und auf den heißen Mauern,
Dann treibt seine Blätter der Wind davon.

Wie eine Julinacht will unser Leben
Traumbeladen seinen Reigen vollenden,
Träumen und heißen Erntefesten ergeben,
Kränze von Ähren und rotem Mohn in den Händen.

In diesem Gedicht von Hermann Hesse (1877 – 1962) geht es um Rausch und um Ekstase. Man kann es mit einfachen Gefühlen vergleichen, durchaus, aber will uns Hesse nicht mehr vermitteln? Was mag seine Trance ausgelöst haben? Nur der Jasminduft oder der heiße Sommertag? Ich denke, dass es sich um mehr handelt. Die von ihm erwähnte Pflanze scheint mir dafür ein Hinweis zu sein.

Zusammenfassung:

1. Magische Stimmung am Meer, am Ur-Meer, wo alles seit Ewigkeiten so ist und Bezug zu den Ahnen.

2. Ein Baum als Verbindung zu Herkunft und Heimat.

3. Spirituelle Symbolik einer Pflanze. (Christrose)

4. Der stummen und durch den Menschen leidenden Natur eine Stimme geben. Warnung vorm Overkill.

5. Langes und ausführliches Lob des Sommers und der spirituelle Bezug zu Gott und der eigenen Vollendung.

6. Humorvoller Rocksong auf die Heimat am Meer.

7. Ozeanisches Auflösungsgefühl auf einer Wiese im Sommer.

8. Man kann in der Natur eine vollkommene „Daseinswonne" erfahren. Man sollte sie jedoch nicht verderben.

9. Intensive Naturerfahrung kann eine Trance induzieren.

7. Naturverehrung und Naturreligion

Naturverehrung bedeutet, dass man die Natur schätzt, sie bewundert, sie liebt, sich an ihr gewissermaßen orientiert. Naturreligion bedeutet hingegen, dass man in ihr deutlich mehr sieht. Allgemein ein göttliches Wirken, das aber definitiv nichts mit dem Christentum zu tun hat, denn man ist heidnisch. Man verehrt den Großen Geist oder die GÖTTIN. Man hat Erfahrungen mit Naturgeistern.

Manche behaupten immer, das wäre ja alles ein und dasselbe. Nein, ist es eben nicht. Zwischen den Gottesvorstellungen des vorderen Orients und der Natur gibt es eine strikte Trennung. Das hat ja gerade in letzter Konsequenz zur gigantischen Naturausbeutung geführt. Diese gibt es bei den heidnischen Religionsformen wie Wicca oder dem germanischen Schamanismus nicht., denn Trennung von der Natur und ihre Ausbeutung wären Frevel.

Bei den deutschen Lyrikern finden sich vor allem christliche Vorstellungen, mal mehr, mal weniger. Eine echte Naturreligion findet man nicht, denn man ist viel zu sehr vom christlichen Kontext beeinflusst und hatte in der Vergangenheit auch nicht genug Wissen über Formen der Naturspiritualität.

Anders in England oder Irland, zwei Länder, in denen die Poesie und der Gesang sowieso einen höheren Stellenwert hatten und haben. Dort hatte das Christentum nicht alles an anheimischer Religiösität zerstören können. Man denke an das Druidentum oder an Wicca. Man braucht sich als Beleg bei youtube nur die vielen Songs zur Great Goddess anhören. Das findet man im deutschsprachigen Raum leider nicht.

Trotz all der naturreligiösen Ansätze hatte kein deutscher Lyriker ein richtiges System in Sachen Naturreligion. Es waren eher nur Elemente. Von einem alles beherrschenden Christentum hatte man sich emanzipiert, das war historisch notwendig, aber ein anderes System wollte man nicht. Die Verwendung der griechischen Mythologie war eher nur ein poetisches Spiel. Rückwärtsgewandt! Die Germanen sind und waren keine Griechen, auch wenn Hölderlin sich so gesehen hat. Die Reaktivierung der nordischen Mythologie, die mit den Frühromantikern begann und sich durchs neunzehnte Jahrhundert zog, hat letztendlich nichts ergeben. Der Höhepunkt lag da wohl um 1900. Es war auch nur ein Spiel, denn man hatte keine germanische Religion gelebt.

Stellt sich die Frage, ob man überhaupt ein System braucht. Ich denke schon, wenn alles stimmig und zusammenhängend sein soll. Andernfalls hat man, wie gesagt, einzelne Elemente und Versuche, aber eben nicht mehr. Poesie ohne gelebte spirituelle Praxis bleibt eben nur poetische Kompensation zu einem Alltag, der eher von ökonomischen Zwängen geprägt ist.

Dann ist man in einer Situation wie Eichendorff, gefangen in der Alltagsrealität, frei und träumend in den Gedichten, und naturspirituelle Ansätze bleiben nur das, Ansätze, weil am Ende doch wieder der sogenannte liebe Gott der Christen angeboten wird. Man fällt dann, wegen der sozialen Konditionierung, immer wieder zurück ins alte Muster.

Für naturspirituelle Menschen ist und bleibt das höchst unbefriedigend. Poesie will gelebt sein. Im Alltag und vor allem in der spirituellen Praxis.

Hier ein Beispiel aus der Wicca-Tradtion von der Sängerin Lisa Thiel:

https://www.youtube.com/watch?v=RXcON5cL9vw

Song to Brighid

Blessed Woman come to me
Woman of the Fires,
Woman of Poetry
Blessed Woman come to me
woman of Healing,
Woman of Skillful Means

Blessed woman of the land
Guide my heart and guide my hand
Blessed Woman of the streams
Guide my soul and guide my dreams

96

Blessed Woman come to me
Woman of the fires
Woman of Poetry,

Blessed Woman come to me
Woman of Healing
Woman of Skillful Means.
Blessed Woman of the hills
Heal all wounds and heal all ills
Blessed Woman of the flame
Awaken me to renew again

Hier wird die weibliche Kraft der Natur angerufen! Wer die Natur wirklich verehrt, der kann das singen. Hier haben wir ein Beispiel für gelebte Naturspiritualität.

8. War Goethe ein Vertreter des „Hexenkults"?

Zugegeben, eine brisante Frage. Sicher auch eine Frage, die man niemals wird eindeutig beantworten können. Dass sich damals Goethe, mehr oder weniger, als *Heide* verstanden und gegeben hat, war schon mutig. Die christliche *Gedankenpolizei* war wirksam, und ist es heute immer noch. Aber mich interessiert nicht, was Christen meinen und schon gar nicht, was Germanisten meinen.

Was heißt das, Hexenkult? Was heißt Witch, Wicca? Gemeint ist immer die Göttin des Lebens, der Natur, der Lebenskraft, der Energie, der Schönheit, der Erotik. Diese innerweltliche Göttin wird verehrt und angebetet. Die Göttin ist nicht nur die weibliche Version von Gott, wobei dann alles so bleibt, wie gehabt. Nein, es ist ein anderes Konzept einer „Religion", die nicht dogmatisch, nicht diktatorisch, nicht absolut und die vor allem individuell ist. Religion in diesem Sinne ist Lebensform, Lebensweise. Man lebt sie einfach!

Trifft das nicht, seltsamerweise, alles auf Goethes Weltanschauung zu?

Frauen oder allgemein das Weibliche war für Künstler immer wichtiger als das Männliche, als die Macht und Gewalt der Männer. Goethe hatte seine spirituellen Frauengestalten, Iphigenie, Helena etc. Hölderlin seine Diotima. Bei fast jedem Dichter lässt sich das finden. Die Muse war immer wichtiger als der jüdische Mose. Der wurde abgelehnt, weil er ein diktatorischer Patriarch gewesen war. Die Muse hingegen war und ist schön, bezaubernd, erotisch und inspirierend.

Jeder kennt den FAUST. Wie allgemein bekannt, kommt darin Mephistopheles vor. Für christliche Deuter mag das nur der böse Teufel sein, der am Ende nicht siegt, sondern eben Gott, und zwar der christliche Gott. Es fragt sich nur, ob Goethe das wirklich so gemeint hat. Vielleicht hat er mehr mit Mephistopheles sympathisiert als manchem lieb sein mag, vielleicht hat er diese elementare, eruptive, wilde Kraft der Natur gefeiert, die sich eben nicht in ein moralisches Korsett zwingen lässt und die man auch niemals zerstören kann. Christen wollen das gerne so haben. Germanisten ebenso. Ich frage mich heute, ob Goethes Faust nicht ein Bekenntnis zu einem anderen Weltbild ist. Er konnte das nur poetisch ausdrücken. Wenn er es direkt gesagt hätte, hätte man ihn mit Sicherheit angegriffen. Seine WAHLVERWANDTSCHAFTEN wurden ja als unmoralisch attackiert. Die Schlussverse des FAUST, für die es jede Menge Deutungen gibt.

Alles Vergängliche
Ist nur ein Gleichnis;
Das Unzulängliche,
Hier wird's Ereignis;
Das Unbeschreibliche,
Hier ist's getan;
Das Ewig-Weibliche
Zieht uns hinan.

Hier ein typischer Liedtext aus der Wicca-Tradition. Hätte Goethe das singen können, wenn er es gekannt hätte, oder wenn es in Weimar entsprechende Personen gegeben hätte?

The Witches' Rune

Darksome night and shining moon
Balance of the dark and light
Hearken ye our witches' rune
As we perform our sacred rite

With earth and water, air and fire
By blade and bowl and circle round
We come to you with our desire
Let all that is hidden now be found

With censer, candle, book and sword

99

And ringing of the altar bell
We tie a knot within our cord
To bind our magic in a spell

Mother of the summer fields
Goddess of the silver moon
Join with us as power builds
Dance with us our witch's rune

Father of the Summer dew
Hunter of the winter snows
With open arms we welcome you
Dance with us as power grows

Dance with us a witches' rune

By all the light of moon and sun
By all the might of land and sea
Chant the rune and it is done
As we will, so mote it be

Hätte Goethe es singen können? Oder hätte er es dichten können, oder Vergleichbares? Ist es so weit weg von seiner Dichtung? Ich denke nicht. Auch die Rune nicht. So weit mir bekannt, hat er nirgends die Runen erwähnt, aber Zeichen des Geistes kommen im FAUST vor. Sein Farbkreis war vielleicht so etwas wie seine Lebens-Rune, auf die er stolz war und die so sehr abgelehnt worden ist. Es ist ja immer die Frage, warum etwas abgelehnt wird, oder was genau man da ablehnt! Oft ist es so, dass einem die ganze Geisteshaltung nicht gefällt und dass man diese ablehnen möchte. Man behauptet dann nur, es sei unwissenschaftlich, weil das seriöser klingt, objektiver. Im Grunde geht es aber um eine gänzlich andere Lebensphilosophie.

Wir erinnern uns: Goethe hatte viele Jahre mit Christiane in wilder Ehe gelebt. Das war den Moralisten zuwider, außerdem war es nicht standesgemäß. Aber die Liebe war ihm wichtiger, das lebendige Leben war ihm wichtiger. Und das ist, wenn man so will, ein Lebensbeweis für die These vom „Hexenkult". Man muss das natürlich nicht so nennen. Allerdings, egal wie man es bezeichnet, die Moralisten aus dem christlichen Lager werden es immer ablehnen. Goethe war und ist nie ihr Dichter gewesen, vom Mailied für zum Faust! Hier noch einmal der Anfang vom Mailied:

> Wie herrlich leuchtet
> Mir die Natur!
> Wie glänzt die Sonne!
> Wie lacht die Flur!
>
> Es dringen Blüten
> Aus jedem Zweig
> Und tausend Stimmen
> Aus dem Gesträuch
>
> Und Freud' und Wonne
> Aus jeder Brust.
> O Erd', o Sonne!
> O Glück, o Lust!
>
> O Lieb', o Liebe!
> So golden schön,
> Wie Morgenwolken
> Auf jenen Höhn!

Ich habe es am Anfang als einen Gesang an die Göttin des Frühlings gedeutet. Wer die schöne und lebendige Natur ins Zentrum seiner Weltanschauung stellt, der kann so dichten, der feiert das gesunde, das naturverbundene, das naturverehrende Dasein.

Wolf E. Matzker, geb. 1951. Natur-Mystiker, Dichter und Künstler.

Wangerooge – Seeleninsel, naturmystische Gedichte, 2010.
Schamanismus als moderne Naturreligion – Grundlagen und Wege eines spirituellen Schamanismus, 2010
Traumzeitpfade, schamanische Seelenfindung auf magischen Wegen,2013
Wilder Brocken, Deutschlands heiliger Berg der Dichter, Maler und Naturverehrer, 2013
Der Wolf – Krafttier der Seele. Über den Wolf im feinfühligen Schamanismus, 2014
Adler im Schamanismus. Adler, Rabe und andere Vögel im schamanischen, naturmystischen Weltbild, 2015
Der heilige Wald. Magie, Schönheit und Spiritualität des Waldes, 2016
Heimat und Spiritualität: über Natur, Heimat und einen lokalen Schamanismus, 2017

Weitere Informationen unter: www.visionhill.de

Literaturverzeichnis:

1. **Boerner, Peter:** Johann Wolfgang von Goethe, Reinbek bei Hamburg 2007
2. **Damm, Sigrid:** Christiane und Goethe, Frankfurt am Main 1998
3. **Eichendorff, Josef von**: Werke, München 1972
4. **Fromm, Erich**: Haben oder Sein, die seelischen Grundlagen einer neuen Gesellschaft, Stuttgart 1984. Darin Bashos Haiku.
5. **Goethe, Johann Wolfgang von:** Werke. Es gibt viele Ausgaben, so muss ich hier eigentlich keine angeben. Beim Gutenberg-Projekt findet man im Internet genug Texte. Die von mir zitierten Gedichte gibt es auf verschiedenen Seiten, auch viele youtube Videos kann man sich ansehen bzw. anhören.
6. **Rilke, Rainer Maria**: die Gedichte, Frankfurt am Main 2006
7. **Safranski, Rüdiger:** Goethe – Kunstwerk des Lebens, Biografie, Frankfurt am Main 2015